Centre international d'études pédagogiques

Commission nationale du DELF et du DALF

Réussir le

Delf

Niveau

A₂ du Cadre européen commun de référence

Martine CERDAN
Dominique CHEVALLIER-WIXLER
Dorothée DUPLEIX
Sylvie LEPAGE
Patrick RIBA

Conception graphique couverture : Michèle Bisgambiglia
Conception graphique intérieur : Isabelle Aubourg
Mise en page : Nicole Pellieux
Photogravure : Eurésys

© Les Éditions Didier, 2005   ISBN 978-2-278-05752-8   Imprimé en France

SOMMAIRE

PRÉFACE

Le DELF, Diplôme d'études en langue française, et le DALF, Diplôme approfondi de langue française, sont les certifications officielles du ministère français de l'Éducation nationale en français langue étrangère. Depuis leur création en 1985, près de 3 000 000 de candidats se sont présentés à ces épreuves organisées dans 154 pays.

Ce succès s'explique en partie par l'émergence d'une société de la mobilité, plus exigeante en terme de formation. Vous êtes nombreux à apprendre des langues étrangères et le français en particulier et nous vous en félicitons, nous qui œuvrons pour la construction d'un monde plurilingue.

Le DELF et le DALF ont aussi construit leur succès sur des qualités qui font leur force : réflexion pédagogique, pertinence de l'évaluation et qualité du dispositif. Leur harmonisation sur le *Cadre européen commun de référence pour les langues* et la création de 6 diplômes correspondant aux 6 niveaux du Cadre s'inscrivent dans cette dynamique.

La Commission nationale du DELF et du DALF est associée de longue date aux Éditions Didier dans la conception d'ouvrages d'entraînement aux certifications officielles françaises (DELF-DALF et TCF), et je suis sûre que cette collection aidera les candidats qui souhaitent valider leurs compétences en français à bien se préparer à ces épreuves. Elle constitue aussi un outil de référence pour leurs enseignants.

Les DELF A1, A2, B1, B2 et les DALF C1 et C2 ouvrent ainsi de nouvelles perspectives, internationales pour les candidats, et pédagogiques pour les enseignants. On ne peut que s'en réjouir.

Christine TAGLIANTE
Responsable du Pôle Évaluation et Certifications
CIEP

AVANT-PROPOS

Cet ouvrage s'adresse tant aux apprenants de français langue étrangère débutants, adultes et adolescents, après 180 à 220 heures d'apprentissage qu'aux enseignants. Les enseignants pourront l'utiliser ponctuellement en complément du manuel de classe. Les candidats libres y trouveront l'aide nécessaire en vue de leur réussite aux examens. Il constitue donc un outil de préparation aux différentes épreuves du diplôme DELF A2.

L'ouvrage se compose de quatre parties correspondant aux quatre compétences évaluées le jour de l'examen : compréhension orale, compréhension des écrits, production écrite et production orale. À l'intérieur de chaque partie sont déclinées des batteries d'exercices qui, progressivement, amènent l'apprenant de la «découverte» à la «maîtrise» des actes de paroles ou «tâches» qu'un candidat au DELF A2 doit être capable de réaliser.

Découverte (*Pour vous aider*) : cette double page permet d'analyser les activités à mettre en pratique dans les pages suivantes.

Entraînement (*Pour vous entraîner*) : avec ces pages d'exercices variés, l'apprenant se familiarisera avec les différents actes de paroles à acquérir au niveau A2.

Maîtrise : les deux dernières pages proposent des ensembles (séries) d'exercices tels qu'ils pourront être formulés le jour de l'examen.

Vous trouverez dans cet ouvrage des «boîtes à outils» qui proposent des expressions familières et des amorces de phrases destinées à enrichir le lexique et à varier la formulation ; des informations culturelles, lexicales...

À la fin de chaque partie, un tableau d'**auto-évaluation** incite l'apprenant à faire le point sur ses capacités à réaliser les tâches demandées dans la compétence donnée.

Après le travail progressif d'entraînement compétence par compétence, l'apprenant pourra se livrer à l'exercice tel qu'il sera présenté le jour de l'examen grâce au **sujet type** proposé dans sa globalité, à savoir les quatre compétences réunies.

À la fin de l'ouvrage sont proposés les **transcriptions** des enregistrements sonores ainsi que les **corrigés** des exercices.

LES AUTEURS

LE CADRE EUROPÉEN COMMUN DE RÉFÉRENCE POUR LES LANGUES

En 1991, les experts de la Division des politiques linguistiques du Conseil de l'Europe ont décidé de la création d'un outil pratique permettant :
• d'établir clairement les éléments communs à atteindre lors des étapes de l'apprentissage ;
• de rendre les évaluations comparables d'une langue à l'autre.
De cette réflexion est né le *Cadre européen commun de référence pour les langues : apprendre, enseigner, évaluer*, publié aux Éditions Didier en 2001.

Le *Cadre* définit **six niveaux de compétence en langue**, quelle que soit la langue. Il est de plus en plus utilisé pour la réforme des programmes nationaux de langues vivantes et pour la comparaison des certificats en langues. Aujourd'hui, l'impact du *Cadre*, traduit et diffusé en dix-huit langues, dépasse de loin les frontières de l'Europe.
Le Conseil de l'Union européenne (Résolution de novembre 2001) recommande son utilisation, facilitant ainsi la mobilité éducative et professionnelle.

Situé dans la continuité des approches communicatives, ce texte de référence, non prescriptif, propose de nouvelles pistes de réflexion comme la prise en compte des savoirs antérieurs du sujet, la primauté à la compétence pragmatique et la défense d'une compétence plurilingue et pluriculturelle.

Parce qu'il adhère aux recommandations du Conseil de l'Europe, le ministère de l'Éducation nationale français a demandé à la Commission nationale du DELF et du DALF d'harmoniser ses certifications sur les six niveaux de compétence en langue du *Cadre européen commun de référence pour les langues*. Une réforme du DELF et du DALF a donc été réalisée et six diplômes ont été mis en place en 2005, correspondant à chacun des six niveaux du *Cadre européen* :

DELF A1	niveau A1
DELF A2	niveau A2
DELF B1	niveau B1
DELF B2	niveau B2
DALF C1	niveau C1
DALF C2	niveau C2

PRÉSENTATION DE L'ÉPREUVE DELF A2

Au niveau A2, l'utilisateur se situe à un niveau élémentaire (intermédiaire ou de survie). Il est capable de :
- décrire ou présenter simplement des gens, des conditions de vie, ce qu'il aime ou pas, par de courtes séries d'expressions ou de phrases non articulées ;
- comprendre et utiliser des expressions familières et quotidiennes sur la profession, les loisirs, une invitation… ;
- mener à bien un échange simple dans un magasin, un bureau de poste ou une banque ; se renseigner sur un voyage ; utiliser les transports en commun : bus, trains et taxis, demander des informations de base, demander son chemin et l'indiquer, acheter des billets ; fournir les produits et les services nécessaires au quotidien et les demander ;
- utiliser les formes quotidiennes de politesse et d'accueil.

L'examen dure environ 1 heure 50 minutes et se divise en deux temps. Les épreuves collectives se déroulent le même jour ; au nombre de trois, elles se succèdent dans l'ordre suivant :
- la compréhension orale ;
- la compréhension des écrits ;
- la production écrite.
L'épreuve de production orale constitue une épreuve à part, et pour laquelle le candidat est convoqué séparément.

Compréhension de l'oral (25 minutes)
Il est demandé au candidat de répondre à des questionnaires de compréhension portant sur trois ou quatre courts documents enregistrés ayant trait à des situations de la vie quotidienne (deux écoutes). *(Durée maximale des documents : 5 minutes.)*

Compréhension des écrits (30 minutes)
Le candidat doit répondre à des questionnaires de compréhension portant sur trois ou quatre courts documents écrits ayant trait à des situations de la vie quotidienne.

Production écrite (45 minutes)
L'épreuve comporte deux exercices. Le candidat doit rédiger deux brèves productions écrites (lettre amicale ou message) :
- décrire un événement ou des expériences personnelles ;
- écrire pour inviter, remercier, s'excuser, demander, informer, féliciter…

Production orale (6 à 8 minutes, plus 10 minutes de préparation) :
L'épreuve se déroule en trois temps :
- un entretien dirigé à partir de questions sur le candidat ou son environnement proche ;
- un monologue suivi où le candidat sera amené à présenter un sujet relevant de son environnement quotidien : présenter sa ville, son pays, un membre de sa famille, parler de lui-même, de ses habitudes, de ses activités ou de ses goûts… ;
- un exercice en interaction où le candidat sera capable de gérer des situations familières courantes et de se débrouiller dans les échanges sociaux : résoudre une situation de la vie quotidienne en simulant un dialogue (acheter quelque chose, accepter/refuser une invitation…) ou par un exercice de coopération (accomplir une tâche en commun avec l'examinateur comme organiser une activité ou échanger des informations…).

DIPLÔME D'ÉTUDES EN LANGUE FRANÇAISE
DELF A2

Niveau A2 du *Cadre européen commun de référence pour les langues*

DELF A2 - nature des épreuves	durée	note sur
Compréhension de l'oral ▸ Réponse à des questionnaires de compréhension portant sur trois ou quatre courts documents enregistrés ayant trait à des situations de la vie quotidienne (deux écoutes). *Durée maximale des documents : 5 min.*	25 min environ	/25
Compréhension des écrits ▸ Réponse à des questionnaires de compréhension portant sur trois ou quatre documents écrits ayant trait à des situations de la vie quotidienne.	30 min	/25
Production écrite ▸ Rédaction de deux brèves productions écrites (lettre amicale ou message) : – décrire un événement ou des expériences personnelles ; – écrire pour inviter, remercier, s'excuser, demander, informer, féliciter…	45 min	/25
Production orale ▸ Épreuve en trois parties : – l'entretien dirigé ; – le monologue suivi ; – l'exercice en interaction.	6 à 8 min *préparation : 10 min*	/25

Durée totale des épreuves collectives : 1 h 40

▸ **Note total sur 100.**
▸ **Seuil de réussite pour l'obtention du diplôme : 50/100.**
▸ **Note minimale requise par épreuve : 5/25.**

COMPRÉHENSION DE L'ORAL

► Réponse à des questionnaires de compréhension portant sur trois ou quatre courts documents enregistrés ayant trait à des situations de la vie quotidienne (deux écoutes).

Durée maximale des documents : 5 min.

COMPRÉHENSION DE L'ORAL

Au niveau DELF A2, vous êtes capable de :
– comprendre des expressions et un vocabulaire très fréquent relatif à ce qui vous concerne de très près (par exemple, des informations personnelles et familiales, des achats, des lieux, le travail, les études…) ;
– comprendre l'essentiel d'annonces, d'instructions et de messages simples et clairs.

L'épreuve de compréhension orale constitue la première partie de l'examen. Elle comporte trois ou quatre activités.

Le jour de l'examen, on vous demandera de :
– comprendre des annonces et instructions orales ;
– comprendre l'essentiel d'une conversation entre locuteurs natifs ;
– comprendre des émissions de radio et des enregistrements.

Pour vous aider

► ### La consigne

Lisez-la attentivement : elle vous indique ce que vous allez entendre et ce que vous devez faire.
EXEMPLE : *Vous téléphonez à votre médecin. Vous entendez le message suivant sur le répondeur. Écoutez bien et répondez aux questions.*

► ### Des conseils pour répondre

Lisez bien toutes les questions. Pour chaque document, vous devez répondre à plusieurs questions.

Vous entendrez le document deux fois. Après la première écoute, répondez aux questions pour lesquelles vous êtes sûr(e). La deuxième écoute vous permettra de compléter ces réponses.

 Si vous ne pouvez pas répondre à une question, ne vous inquiétez pas. Ne perdez pas de temps et répondez aux questions suivantes.

► **Exemples d'activités**

Qui a laissé le message ?
Le cousin de Pierre. ◄------------ *Vous répondez en écrivant la réponse.*

Quand a lieu le concert ?
☐ Le 18 septembre.
☐ Le 28 septembre.
☒ Le 28 novembre. ◄------------ *Vous cochez (☒) la bonne réponse.*

Christine est malade.
☐ VRAI   ☐ FAUX   ☒ ? ◄------------ *Vous cochez l'information qui correspond à ce que vous entendez (VRAI) ou pas (FAUX). Si l'information n'est pas donnée, vous cochez la case (☒) ?*

Écoutez et complétez le tableau :

Annonce	Destination	Heure de départ
Annonce 1	Lyon	**9h53**
Annonce 2	**Paris**	18h28

Vous écrivez dans les cases les informations correspondantes.

Associez les annonces aux thèmes correspondants :

Sport	Culture	Santé
Annonce n° **2**	Annonce n° **1**	Annonce n° **3**

Vous écrivez le numéro de l'annonce sous le thème proposé.

Entourez sur le plan les magasins cités :

Vous entourez les magasins dont vous entendez le nom.

Pour vous entraîner

COMPRENDRE DES ANNONCES ET DES INSTRUCTIONS

Consigne générale

Vous allez entendre 9 enregistrements, correspondant à 9 documents qui sont des annonces ou des instructions.

Pour chaque document :
– lisez d'abord les questions ;
– écoutez une première fois et faites 30 secondes de pause pour commencer à répondre aux questions ;
– écoutez une deuxième fois et faites 30 secondes de pause pour compléter vos réponses.

Répondez aux questions, en cochant (☒) la bonne réponse, en entourant la bonne réponse ou en écrivant l'information demandée.

❶ Pour écouter ses messages

Vous écoutez votre répondeur téléphonique pour savoir si vous avez des messages. Écoutez bien et répondez aux questions.

1. Quel est le numéro de téléphone du correspondant qui a laissé un message ?

06/60.15.5.137.51   0255284519 ✓
73

2. Le message reçu a été enregistré à :
☐ à 6 h 40.   ☒ à 10 h 40.   ☐ à 12 h 40.

3. Vous souhaitez changer le texte de votre annonce : sur quelle touche appuyez-vous ? Entourez la case correspondante :

❷ Pour aller au théâtre

Vous téléphonez au théâtre du Capitole et vous entendez le message suivant sur le répondeur. Écoutez bien et répondez aux questions.

1. Pour réserver, vous devez rappeler :
☐ avant 11 h.   ☒ entre 11 h et 18 h 30.   ☐ entre 11 h 30 et 18 h.

2. Vous ne pouvez pas voir la pièce *Dom Juan* de Molière car :
☐ elle n'est plus à l'affiche.
☐ le théâtre est fermé.
☒ il n'y a plus de place disponible.

3. Quelle affiche correspond à la pièce *La Musica* de Marguerite Duras ?

☐ **A**

☐ **B**

☐ **C**

❸ Pour aller au cinéma

Vous téléphonez au cinéma Gaumont et vous entendez le message suivant. Quels services vous propose le répondeur ? Cochez les bonnes réponses :

	VRAI	FAUX	?
Louer un film.			
Connaître la liste des nouveaux films.	X		
Réserver une/des places par téléphone.	X		
Payer vos places par carte bancaire.			
Connaître la liste des prochains films.	X		
Écouter la bande annonce des films à l'affiche.			

❹ Pour prendre un rendez-vous

Vous téléphonez pour prendre un rendez-vous et vous entendez le message suivant.
Écoutez bien et répondez aux questions.

1. Vous êtes en communication avec le répondeur :
☒ d'un cabinet médical. ☐ d'un cabinet d'architecte. ☐ d'un cabinet juridique.

2. Le cabinet est ouvert :
☐ tous les matins et tous les après-midi.
☐ seulement le matin.
☒ toute la journée du lundi au vendredi et le samedi matin.

3. Quel numéro devez-vous appeler en cas d'urgence ? ..*0228186329*....

❺ Dans un salon

Vous êtes dans un salon et vous entendez l'annonce suivante. Écoutez bien et répondez aux questions.

1. Quand vous entendez ce message vous êtes :
☐ dans un salon de coiffure. ☐ dans un salon de beauté. ☒ dans un salon nautique.

2. Le message annonce :
☐ l'ouverture du salon à 18 h.
☐ la fermeture du salon à 18 h 30.
☒ la fermeture du salon à 19 h.

3. Que vous demande-t-on de faire ? ....

4. Vous pouvez revenir au salon :
☐ entre le 6 et le 10 février.   ☒ entre le 10 et le 13 février.   ☐ jusqu'au 16 février.

6 En faisant les courses

Vous êtes en train de faire les courses et vous entendez l'annonce suivante. Écoutez bien et répondez aux questions.

1. Cette annonce incite à manger :
☐ du pain.   ☐ de la viande.   ☒ du fromage.

2. Retrouvez le prix de chaque fromage :

brie   ● 6,50   ● 12,30 €
reblochon   ● 7   ● 7 €
roquefort   ● 12,30 ● 5,20 €
gruyère   ●   ● 9,80 € ✓
chèvre   ● 5,20   ● 6,50 €

7 Dans une gare

Vous êtes à la gare et vous entendez l'annonce suivante. Écoutez bien et répondez aux questions suivantes en écrivant votre réponse :

1. – De quelle couleur est le sac trouvé ?
– .... noir ....

2. – Où a été trouvé le bagage ?
– ....

3. – Pourquoi le sac doit-il être récupéré immédiatement ?
– .... trouves des objective trouvé ....

4. – Où doit aller la personne pour reprendre son sac ?
– .... a gauge de la pharmaci ....

8 Dans un aéroport

Vous allez entendre 5 annonces d'aéroport. Écoutez et complétez le tableau des départs ci-dessous :

Annonce	Destination	Numéro du vol	Porte d'embarquement	Départ (heure)
1	Tokyo	488	B	*On ne sait pas*
2	Madrid	522	C	18:10
3	LONDON	546	E	30 mins
4	New York	446	A	*Immédiat*
5	Casablanca	*On ne sait pas*	*On ne sait pas*	13:10

9 ## Dans un supermarché

Vous allez entendre 5 annonces diffusées dans un supermarché. Écoutez bien puis répondez aux questions :

1. Dans chaque annonce, le client est invité à aller dans une partie du supermarché (*Exemple :* caisse, boulangerie…). Retrouvez pour chaque annonce l'endroit où doit se rendre le client :

Annonce 1	....
Annonce 2	....
Annonce 3	....
Annonce 4	....
Annonce 5	....

2. Pour chaque annonce, écrivez en quelques mots ce qui est annoncé :
Exemple : l'ouverture du magasin, une promotion sur les légumes…

Annonce 1 : ....

Annonce 2 : ....

Annonce 3 : ....

Annonce 4 : ....

Annonce 5 : ....

COMPRENDRE UNE CONVERSATION

Consigne générale
Vous allez entendre 9 enregistrements, correspondant à 9 conversations :
Pour chaque document :
– lisez d'abord les questions ;
– écoutez une première fois et faites 30 secondes de pause pour commencer à répondre aux questions ;
– écoutez une deuxième fois et faites 30 secondes de pause pour compléter vos réponses.
Répondez aux questions, en cochant (☒) la bonne réponse, en entourant la bonne réponse ou en écrivant l'information demandée

1 ## Aller au restaurant

Vous allez entendre deux personnes qui sont au restaurant. Écoutez bien et répondez aux questions en cochant (☒) la bonne réponse.

1. La scène se passe :
☐ au début du repas.   ☐ au milieu du repas.   ☐ à la fin du repas.

2. La salade du pêcheur est faite avec :
☐ de la salade et de la viande.   ☐ de la salade et du poisson.   ☐ de la salade seulement.

3. Paul et Hélène mangent la même chose.
☐ VRAI   ☒ FAUX   ☐ *On ne sait pas.*

4. Paul et Hélène sont de bons amis.
☐ VRAI   ☐ FAUX   ☐ *On ne sait pas.*

❷ Entre amis

Vous allez entendre une conversation entre deux personnes qui se rencontrent dans la rue. Écoutez bien et répondez aux questions en cochant (☒) la bonne réponse.

1. Mathieu et Ludovic sont voisins :

☐ depuis longtemps.   ☒ depuis quelques jours.   ☐ depuis hier.

2. L'appartement de Mathieu se compose de :

☐ deux chambres et un salon.
☐ une chambre, un salon et un bureau.
☐ une chambre, un salon et un atelier.

3. Mathieu habite :

☐ seul.   ☐ avec des amis.   ☒ avec Sophie.

4. Mathieu et Ludovic vont se revoir parce que :

☐ Mathieu invite Ludovic.
☐ Ludovic veut visiter l'appartement.
☐ Ludovic va faire les travaux de peinture.

❸ Pour suivre un itinéraire

Vous allez entendre une conversation entre deux personnes de la même famille. Écoutez bien et répondez aux questions.

1. Les deux cousins parlent :

☒ au téléphone.
☐ dans la rue.
☐ *On ne sait pas.*

2. Lucas et sa famille iront chez Philippe pour passer :

☐ toutes les vacances.   ☐ seulement le week-end.   ☐ seulement la journée.

3. Sur le plan entourez les villes citées par Philippe :

4. La maison de Philippe et Ingrid se trouve à côté d'un hôtel :

☐ VRAI
☐ FAUX
☐ *On ne sait pas.*

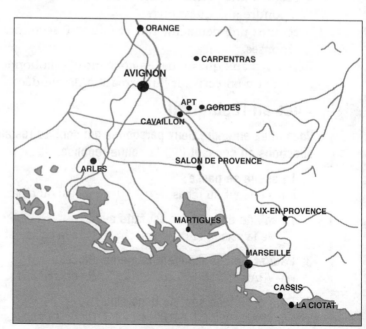

Pour se déplacer en ville

Vous allez entendre quatre personnes qui parlent du moyen de transport qu'elles utilisent pour aller travailler. Complétez le tableau en écrivant la réponse. Si l'information n'est pas donnée, mettez une croix.

Personne	Lieu d'habitation	Moyen de transport	Durée
1	PARI	VOITURE	
2		VELLO	
3		TRAIN /MERTRO	
4			

Pour faire ses courses

Vous allez entendre une conversation entre un vendeur et une cliente au marché. Écoutez bien et répondez aux questions.

1. Qu'est-ce que la jeune fille achète au marché? Cochez (☒) les aliments qu'elle achète:

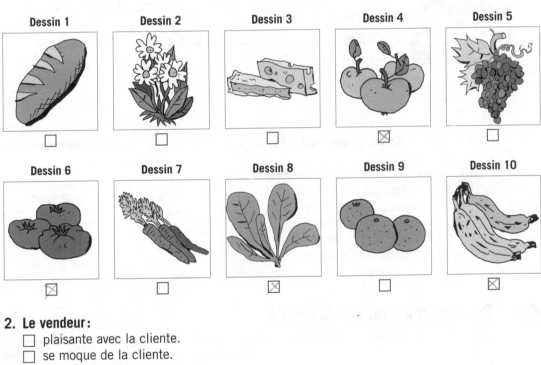

Dessin 1 Dessin 2 Dessin 3 Dessin 4 ☒ Dessin 5

Dessin 6 ☒ Dessin 7 Dessin 8 ☒ Dessin 9 Dessin 10 ☒

2. Le vendeur:
   ☐ plaisante avec la cliente.
   ☐ se moque de la cliente.
   ☐ conseille la cliente.

3. Pourquoi le vendeur propose de la mâche à la cliente? Écrivez votre réponse:

....

4. Combien doit payer la cliente?
   ☒ 8,50 €.   ☐ 8,35 €.   ☐ 8,65 €.

17

6 ## Pour trouver du travail

Vous allez entendre une conversation entre un professionnel et un homme qui cherche du travail. Écoutez bien cet entretien et répondez aux questions.

1. À quelle petite annonce, le jeune homme a-t-il répondu?

A	B	C
EXCELLOR recherche : Assistant(e) de Direction Secrétariat classique Expérience de 1 à 10 ans Anglais courant souhaité Contact : excellor@mail.com	Le CIEP propose des postes d'assistants d'allemand Avoir entre 20 et 35 ans Formation bac + 2 minimum langues étrangères Expérience d'enseignement souhaitée	Université de Paris recherche assistant(e) de laboratoire. Formation : biologie Anglais obligatoire

2. Complétez le CV du jeune homme.

Paul BENSON

Âge : ....26..........

Nationalité : ....

Études : .... de biologie

Stage effectué : .... à Madrid

Langues parlées : ....
....

3. Pourquoi le directeur embauche M. Benson? Cochez (☒) les réponses correctes :
   ☐ Il est canadien.
   ☐ Il connaît le vocabulaire spécialisé.
   ☐ Il a déjà travaillé dans un laboratoire.
   ☐ Il a beaucoup d'expérience.
   ☐ Il parle plusieurs langues.
   ☐ Il parle allemand couramment.
   ☐ Il est disponible immédiatement.

7 ## Pour prendre un rendez-vous

24 février	
07h00	14h00 *Mme Marchand*
08h00	15h00
09h00	16h00 *LODEVT*
10h00	17h00 *Mlle Rosière*
11h00	18h00 *M. Papin*
12h00	19h00 *M. Vincent*
13h00	19h30 *Mme Tanja*

Vous allez entendre une conversation entre une secrétaire médicale et un patient.
Écoutez bien et répondez aux questions.

1. À quel moment de la journée se situe l'appel de Mr Ledrut?
   ☐ Le matin.   ☒ L'après-midi.   ☐ Le soir.

2. Le patient téléphone pour:
   ☐ annuler un rendez-vous.
   ☐ prendre un rendez-vous.
   ☐ déplacer un rendez-vous.

3. Pourquoi Mr Ledrut ne peut pas voir le dentiste quand il téléphone?
   ☐ Il travaille à l'extérieur.
   ☐ Il ne travaille pas aujourd'hui.
   ☐ Il est déjà avec un patient.

8 Pour préparer un voyage

Vous allez entendre une conversation téléphonique entre une personne qui travaille dans une agence de voyage et un client. Écoutez bien et répondez aux questions.

1. Le client téléphone pour:
   ☐ confirmer un voyage.
   ☐ réserver un billet d'avion.
   ☒ annuler une réservation.

2. Comment le client veut-il régler sa commande?

   ☒   ☐   ☐

3. Que doit faire l'homme pour obtenir ses billets?
   ☒ Envoyer son règlement par courrier.
   ☐ Aller à l'aéroport.
   ☐ Aller à l'agence de voyage.
   ☐ Faxer sa fiche de renseignements.

9 Pour sortir le soir

Vous allez entendre une conversation entre amis. Écoutez bien et répondez aux questions.

1. Écoutez cette conversation et classez les loisirs de Nicolas de celui qu'il aime le plus à celui qu'il aime le moins: cinéma, concert, opéra, théâtre.

++	....
+	....
–	....
– –	....

2. Dans quel cinéma vont aller Nicolas et son amie ?

Cinéma Bastille	Cinéma Saint-Michel	Cinéma Odéon
Parle avec elle (P. Almodovar) v.o. Séances 09h15 – 11h10 – 15h30	*Voyage en famille* de Pablo Trapero Séances 16h30 – 18h40 – 20h45	*Le Pont des Arts* d'Eugène Green Séances 16h30 – 19h10 – 20h50
La vie est un miracle de Emir Kusturica Séances 17h30 – 19h30 – 22h10	*Parle avec elle* (P. Almodovar) Séances 10h30 – 16h30 – 20h45	*Parle avec elle* (P. Almodovar) Séances 14h00 – 15h30 – 18h00

☐ Cinéma Bastille.   ☐ Cinéma Saint-Michel.   ☐ Cinéma Odéon.

3. Que vont-ils faire ce soir ?

Ils vont d'abord .... et ensuite ....

COMPRENDRE DES ENREGISTREMENTS RADIOPHONIQUES

Consigne générale

Vous allez entendre 9 enregistrements, correspondant à 9 documents que vous pouvez écouter à la radio.

Pour chaque document :

– lisez d'abord les questions ;
– écoutez une première fois et faites 30 secondes de pause pour commencer à répondre aux questions ;
– écoutez une deuxième fois et faites 30 secondes de pause pour compléter vos réponses.

Répondez aux questions, en cochant (☒) la bonne réponse, en entourant la bonne réponse ou en écrivant l'information demandée.

1 ## Météo

Vous allez entendre un bulletin météo. Écoutez bien et répondez aux questions, en cochant (☒) la bonne réponse.

1. Ce bulletin météo annonce :

☐ le beau temps.   ☐ la neige.   ☐ la pluie.

2. Demain, il fera froid pour la saison.

☐ VRAI   ☐ FAUX   ☐ *On ne sait pas.*

❷ Transports

Vous allez entendre un enregistrement radiophonique sur les transports. Écoutez bien et répondez aux questions, en cochant (☒) la bonne réponse.

1. Le message que vous venez d'entendre est :
- ☐ une annonce publicitaire.
- ☐ un message téléphonique.
- ☐ un flash d'information.

2. Ce message annonce :
- ☐ les horaires de départ et d'arrivée des avions.
- ☐ un accident d'avion.
- ☐ des retards et des annulations de vols.

3. Pour avoir plus d'informations, vous pouvez :
- ☐ écouter la radio.
- ☐ téléphoner.
- ☐ regarder sur Internet.

❸ Société

Vous allez entendre une émission de radio sur la population française. Écoutez bien et répondez aux questions, en cochant (☒) la bonne réponse.

1. La population française atteint :
- ☐ 52 millions d'habitants.   ☐ 62 millions d'habitants.   ☐ 72 millions d'habitants.

2. En 2004, le nombre des naissances en France était :
- ☐ moins élevé que le nombre des décès.
- ☐ plus élevé que le nombre des décès.
- ☐ *On ne sait pas.*

3. En France, les femmes :
- ☐ vivent plus vieilles que les hommes.
- ☐ vivent aussi vieilles que les hommes.
- ☐ vivent moins vieilles que les hommes.

❹ Économie

Vous allez entendre une émission de radio sur l'euro. Écoutez bien et répondez aux questions, en cochant (☒) la bonne réponse.

1. Pour changer les francs en euros, on peut aller :
- ☐ à la Banque de France.
- ☐ dans toutes les banques en France.
- ☐ dans votre agence de quartier.

2. L'annonce dit que :
- ☐ il y aura beaucoup de monde.
- ☐ il n'y aura pas beaucoup de monde.
- ☐ *On ne sait pas.*

POUR VOUS ENTRAÎNER

5 ## Bulletins d'informations

Vous allez entendre les titres du journal d'information. Associez chacun des titres à l'un des thèmes proposés. Vous donnerez pour chacun un mot de justification :

Sport	Économie	Santé	Culture	Tourisme	Éducation
Titre	Titre	Titre	Titre	Titre	Titre ....
....	....	....	....	....	....

6 ## Sondage

Vous allez entendre une émission de radio sur les loisirs des Français.
Écoutez bien et complétez le tableau en écrivant votre réponse.

	Vacances d'Alice	Vacances de Didier	Voyage d'Éva	Vacances de Juliette
Activités	....	....	Ne rien faire, bronzer	....
Lieux	Campagne	....	....	....
Personnes	....	....	....	Juliette et son mari

7 ## Reportage

Vous allez entendre une émission de radio sur les femmes à Paris. Écoutez bien et répondez aux questions en écrivant vos réponses.

1. **L'information dit que :**
   - ☐ les 70 femmes interrogées aiment vivre à Paris.
   - ☐ 70 % des Parisiennes aiment vivre à Paris.
   - ☐ les femmes de 70 ans aiment vivre à Paris.

2. **Quel jour la journaliste a-t-elle interrogé ces femmes ?** ....

3. **Est-ce que les Parisiennes sont heureuses de vivre à Paris. Justifiez votre réponse en quelques mots :**
   - ☐ OUI ....
   - ☐ NON ....

4. **Que pensent ces femmes ? Indiquez si la proposition est vraie ou fausse en cochant la case correspondante dans le tableau.**

	VRAI	FAUX
Les magasins ferment tôt.		
Les jardins de Paris ferment trop tôt.		
Les serveurs sont sympathiques.		
Les cafés parisiens sont beaux.		
Les transports en commun sont pratiques.		
Paris est une ville polluée.		

8 Cinéma

**Vous allez entendre une émission de radio sur le « Printemps du cinéma ».
Écoutez bien et répondez aux questions.**

1. Pendant l'opération « Printemps du cinéma », combien coûte un billet ? ....

2. Combien de jours dure l'opération ? ....

3. Le « Printemps du cinéma » permet aux spectateurs de :
   ☐ rencontrer des acteurs.
   ☐ voir des films à tarif réduit.
   ☐ faire la fête dans les cinémas.

4. Inscrivez sur votre agenda les jours du « Printemps du cinéma » (mettez une croix) :

Lundi 7	Lundi 14
Mardi 8	Mardi 15
Mercredi 9	Mercredi 16
Jeudi 10	Jeudi 17
Vendredi 11	Vendredi 18
Samedi 12	Samedi 19
Dimanche 13	Dimanche 20

9 Culture

**Vous allez entendre une émission de radio qui parle de culture. Écoutez bien et répondez
aux questions.**

1. De quoi parle le journaliste ?
   ☐ D'une exposition.   ☐ D'un livre.   ☐ D'une association.

2. Quelle est la profession d'Alexandre Jardin ?
   ☐ Écrivain.
   ☐ Directeur d'école.
   ☐ Retraité.

3. Choisissez l'affiche réalisée par Alexandre Jardin pour trouver des bénévoles :

A   B   C

☐   ☐   ☐

EXEMPLE D'ÉPREUVE
25 points

► ## EXERCICE 1
5 points

Dans les transports

Vous êtes dans un lieu public et vous entendez l'annonce suivante. Écoutez bien et répondez aux questions.

1. Quand vous entendez cette annonce, vous êtes :
1 point

☐ dans une gare.

☐ dans un aéroport.

☐ dans le métro.

2. La station est fermée :
2 points
☐ toute la journée.
☐ seulement l'après-midi jusqu'à 19 h 30.
☐ seulement le soir à partir de 21 h 30.

3. La station est fermée pour cause de :
2 points
☐ grève.
☐ vacances.
☐ travaux.

EXEMPLE D'EPREUVE

► **EXERCICE 2**   *8 points*

Pour faire une réclamation

Vous allez entendre une conversation entre une vendeuse
et un client dans un magasin de disques. Écoutez bien
et répondez aux questions.

1. **Que veut faire le client?**
   ☐ Écouter un CD.
   ☐ Échanger un CD.
   ☐ Copier un CD.

2. **La vendeuse dit que c'est impossible parce que:**
   ☐ le CD est cassé.
   ☐ le client n'a pas le ticket de caisse.
   ☐ la boîte est ouverte.

3. **Combien coûte le CD? Écrivez votre réponse:**

   …………

4. **Le client est mécontent car:**
   ☐ il a perdu le CD.
   ☐ il n'aime pas le CD.
   ☐ il ne peut écouter le CD.

► **EXERCICE 3**   *12 points*

Gastronomie

Vous allez entendre une émission de radio qui propose une recette de cuisine.
Écoutez bien et répondez aux questions.

1. **Pour préparer la pâte à crêpes, il vous faut:**
   ☐ 200 grammes de farine et 6 œufs.
   ☐ 300 grammes de farine et 4 œufs.
   ☐ 300 grammes de farine et 3 œufs.

2. **On fait cuire les crêpes:**
   ☐ 1 minute de chaque côté.
   ☐ 2 minutes d'un côté.
   ☐ 2 minutes de chaque côté.

3. **Pour avoir de la chance, qu'est-ce qu'on prend dans la main?**

   …………………………………………………

AUTO-ÉVALUATION
AUTO-ÉVALUATION

	oui	pas toujours	pas encore
Je peux comprendre les numéros de téléphone.	☐	☐	☐
Je peux comprendre des consignes et des instructions simples, par exemple pour aller d'un point à un autre à pied ou en transports en commun.	☐	☐	☐
Si on me raconte une histoire simple au sujet de gens que je connais, je peux saisir le sens général.	☐	☐	☐
Dans une histoire simple, je peux reconnaître si on parle de faits présents, passés ou futurs.	☐	☐	☐
Je peux généralement identifier le sujet d'une conversation qui se déroule en ma présence si les gens parlent lentement.	☐	☐	☐
Je peux comprendre de courts passages à la radio à condition que la personne parle lentement.	☐	☐	☐
À la télévision, je peux, en m'aidant des images, identifier le sujet général traité au journal télévisé.	☐	☐	☐

COMPRÉHENSION DES ÉCRITS

► Réponse à des questionnaires de compréhension portant sur trois ou quatre courts documents écrits ayant trait à des situations de la vie quotidienne.

COMPRÉHENSION DES ÉCRITS

Cette épreuve constitue la deuxième partie de l'examen.

À ce niveau, on vérifiera que vous êtes capable de :
– comprendre des textes simples sur des sujets concrets courants avec une fréquence élevée de langue quotidienne ou relative au travail.

Dans le cadre de ces activités, il vous sera demandé de :
– **Lire des instructions :** mode d'emploi d'un appareil d'usage courant comme un téléphone public ou un règlement concernant, par exemple, la sécurité quand il est rédigé simplement.
– **Lire pour s'orienter :** prospectus, menus, annonces, horaires, pages jaunes, signes et panneaux courants, dans les lieux publics, par exemple, les rues, les restaurants et les gares et sur le lieu de travail pour l'orientation, les instructions, la sécurité et le danger.
– **Lire pour s'informer et discuter :** lettres, brochures et courts articles de journaux décrivant des faits.
– **Comprendre la correspondance :** lettres personnelles brèves et simples, lettres standards habituelles (demande d'information, commande, confirmation) sur des sujets familiers.

Pour vous aider

► ### La gestion du temps

Attention ! Vous avez 30 minutes pour répondre à des questionnaires de compréhension portant sur trois ou quatre courts documents écrits. Regardez-les tous avant de commencer. Évaluez le temps de lecture qu'il vous faudra pour tous les documents. Regardez le type de questions posées.

► ### Quelques conseils

Lisez le texte une première fois pour comprendre le sens général. Posez-vous les questions : *Qui ? Quoi ? Où ? Quand ? Pourquoi ? Comment ?* Recherchez les mots transparents, c'est-à-dire semblables dans votre langue. Dans le texte ci-contre, les mots *passeport* et *vaccination* seront communs à plusieurs langues. Vous n'avez pas besoin de comprendre tous les mots pour pouvoir répondre. Dans le texte qui suit, il est probable que vous ne connaîtrez pas le mot *rage* mais ce n'est pas nécessaire pour comprendre le sens général.

Exemple d'activité

Chiens et chats, vos papiers SVP !

Les animaux de compagnie devront eux aussi posséder un passeport.

À partir du 1er janvier 2005, les chiens et les chats voyageant dans l'Union européenne devront être identifiés et vaccinés contre la rage. Ils devront posséder un passeport européen fourni et rempli par un vétérinaire. Le passeport mentionne l'identification et la description de l'animal et toutes les mentions sanitaires obligatoires. Il précise également le nom et l'adresse du propriétaire de l'animal.

La Tribune de Strasbourg, 31 décembre 2004.

Identifiez le type de texte. Ici, il s'agit d'un article de journal. Le ou les titres peuvent vous aider. Ils contiennent les mots principaux : chiens et chats ; passeport. Il faut ensuite vous poser la question : Pourquoi un passeport ? Et pour voyager où ?

Vrai ou faux ? Comme dans l'exemple, cochez la case correspondante (⊠) et recopiez la phrase ou la partie de texte qui justifie votre réponse.

	VRAI	FAUX
1. Les chiens et les chats devront avoir des papiers d'identité. **Justification :** *Les animaux de compagnie devront eux aussi posséder un passeport.*	⊠	
2. Cette mesure s'applique dans le monde entier. **Justification :** *Les chiens et les chats voyageant dans l'Union européenne…*		⊠
3. Le passeport est donné par un médecin. **Justification :** *Un passeport européen fourni et rempli par un vétérinaire.*		⊠
4. Le passeport contient des indications sur l'animal. **Justification :** *Le passeport mentionne l'identification et la description de l'animal et toutes les mentions sanitaires obligatoires.*	⊠	
5. Les animaux doivent être vaccinés. **Justification :** *Les chiens et les chats … devront être identifiés et vaccinés contre la rage.*	⊠	
6. Il n'y a pas d'indications sur le propriétaire. **Justification :** *Il précise également le nom et l'adresse du propriétaire de l'animal.*		⊠

POUR VOUS ENTRAÎNER

Pour vous entraîner

LIRE DES INSTRUCTIONS

Gâteau au chocolat (Pour 8 personnes)

Thermostat : 7
Préparation : 15 min
Cuisson : 10 min

200 g de chocolat noir
150 g de beurre
150 g de sucre
75 g de farine
4 œufs

Faites fondre le chocolat avec le beurre à feu doux. Cassez les œufs en séparant les jaunes des blancs. Battez les blancs en neige jusqu'à ce qu'ils soient bien fermes. Mélangez dans un bol les jaunes d'œufs, le sucre et la farine jusqu'à obtenir une pâte bien lisse. Ajoutez le chocolat et le beurre fondu. Mélangez à nouveau. Incorporez les blancs délicatement. Versez le tout dans un moule beurré. Préchauffez votre four pendant 10 minutes et faites cuire pendant 10 minutes également. Plantez un couteau au centre du gâteau pour voir si c'est cuit. Le secret de la réussite est de ne pas mettre trop de farine.

1. Cochez les produits nécessaires :

☐ A

☐ B

☐ C

☐ D

☐ G

☐ E

☐ F

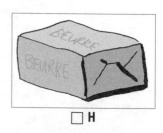

☐ H

Vrai ou faux ? Cochez la case correspondante (⊠) et recopiez la phrase ou la partie de texte qui justifie votre réponse.

	VRAI	FAUX
1. Il faut la même quantité de beurre que de sucre. *Justification :*		
2. On mélange d'abord le sucre et le chocolat ensemble. *Justification :*		
3. Il faut mettre d'abord les blancs en neige dans le moule puis verser le mélange. *Justification :*		
4. Il faut chauffer le four avant d'y mettre le gâteau. *Justification :*		
5. On peut vérifier si le gâteau est bien cuit avec un couteau. *Justification :*		

❷

Apprenez les gestes qui embellissent votre vie quotidienne

Évitez de prendre votre véhicule

▶ Je me déplace en ville en vélo, à pied ou en transports en commun (une voiture pollue 10 à 20 fois plus qu'un bus par personne transportée).
▶ Je n'utilise une voiture que lorsque c'est vraiment indispensable.
▶ J'adopte une conduite économique.
▶ Je pratique le covoiturage (avec mes collègues, les voisins, pour emmener les enfants à l'école…).
▶ Privilégiez le train plutôt que l'avion (très polluant).
▶ À Paris, la vitesse moyenne du métro est de 27 km/h et celle d'une voiture, de 18 km/h. Gagnez du temps en laissant votre voiture au garage.
▶ Pour des trajets inférieurs à 2 km, marchez à pied, c'est très bon pour la santé !

1. Ce document s'adresse plutôt :
- ☐ aux enfants.
- ☐ aux touristes en particulier.
- ☐ aux adultes en général.

2. L'auteur de ce document veut :
- ☐ offrir des conseils.
- ☐ donner des ordres.
- ☐ parler de ses habitudes.

3. Son objectif est de persuader le lecteur :
- ☐ d'utiliser la voiture le moins possible.
- ☐ d'acheter une voiture électrique.
- ☐ de privilégier le diesel.

4. Le covoiturage, c'est :
- ☐ avoir plusieurs voitures.
- ☐ se faire tirer par une autre voiture.
- ☐ partager sa voiture.

5. Un des avantages cités est :
- ☐ l'économie d'énergie.
- ☐ la diminution de la pollution.
- ☐ la sécurité routière.

Mixer Magilux
Mode d'emploi

Ce mixer est adapté à la préparation de soupes, de sauces, de repas pour bébés, de jus de fruits, pâte à crêpes, etc.

☞ Mettez le pied mixer dans le bloc-moteur et vissez-le à fond.
☞ Pour éviter de vous salir, plongez le mixer dans le récipient avant d'appuyer sur le bouton.
☞ Relâchez l'interrupteur lorsque vous avez fini puis sortez le pied mixer du récipient.
☞ Ne mettez pas le pied mixer dans un liquide brûlant.

Attention !
Débranchez l'appareil avant de le nettoyer. Ne mettez pas le bloc-moteur dans l'eau. Nettoyez-le avec un chiffon humide. Vous pouvez mettre le pied mixer dans le lave-vaisselle mais il est préférable de le rincer tout de suite à l'eau.

Le bol mélangeur ne va pas dans le micro-ondes.

Ne laissez pas le mixer à la portée des enfants.

Cet appareil fonctionne sur 220 volts uniquement.

Cet appareil sert à :

☐ mesurer.   ☐ mélanger.   ☐ chauffer.

Vrai ou faux ? Cochez la case correspondante (☒) et recopiez la phrase ou la partie de texte qui justifie votre réponse.

	VRAI	FAUX
1. Cet appareil est composé de deux parties. *Justification :*		
2. Il ne faut pas plonger le pied mixer dans une casserole sur le feu. *Justification :*		
3. Il faut laver le bloc moteur à grande eau. *Justification :*		
4. Cet appareil est dangereux pour les enfants. *Justification :*		
5. Cet appareil fonctionne seulement avec des piles. *Justification :*		

LIRE POUR S'ORIENTER

 ☐ A

 ☐ B

 ☐ C

 ☐ D

 ☐ E

 ☐ F

 ☐ G

 ☐ H

Pour les phrases 1 à 7, indiquez dans le tableau la lettre correspondante (A-H).

Exemple : *Prière d'attacher vos ceintures.*	**C**
1. Éteignez vos téléphones portables.	......
2. Les boissons et la nourriture ne sont pas autorisées au-delà de cette limite.	......
3. Redressez votre siège pour le décollage.	......
4. Ne pas courir autour de la piscine.	......
5. L'utilisation des appareils photo est interdite.	......
6. Veuillez placer vos bagages dans les compartiments à bagages.	......
7. Attention ! risque de feux de forêt.	......

2

france telecom

Les numéros utiles
Services de renseignements
12, service des Renseignements Téléphoniques de France Télécom
– Forfait à l'accès de 0,80 € pour 2 renseignements par appel.
– Recherches en France de particuliers, d'entreprises, de services publics, par le nom, la raison sociale, la localité, le département, la profession, l'adresse.
– Service accessible 24 h sur 24, 365 jours par an.

3212, service des Renseignements Téléphoniques Internationaux de France Télécom
– Forfait à l'accès de 3 € pour 2 renseignements par appel.
– Recherches dans 230 pays, par le nom, la raison sociale, la localité.
– Service accessible 24 h sur 24, 365 jours par an.

Répondez aux questions :

1. **Est-il possible d'avoir un renseignement à n'importe quel moment de la journée ?**
   ☐ OUI   ☐ NON   ☐ *On ne sait pas.*
   Justifiez votre réponse : ....

2. **Quel numéro faut-il appeler pour obtenir le numéro d'un correspondant à l'étranger ?**
   ....

3. **Quel numéro faut-il appeler pour obtenir le numéro d'une entreprise en France ?**
   ....

4. **Combien coûte la recherche d'un seul renseignement international ?**
   ☐ 0,80 €.   ☐ 1,50 €.   ☐ 3 €.

3

Inscriptions dans les écoles publiques pour la prochaine rentrée

La période d'inscription dans les écoles publiques maternelles et élémentaires pour la prochaine rentrée scolaire s'est ouverte cette année le 1er septembre et s'achèvera le 28 février.

La démarche d'inscription est indispensable en cas de :
– première scolarisation à Paris ou dans une école de l'enseignement public ;
– déménagement dans Paris entraînant un changement d'école de secteur.

Les inscriptions doivent être faites dans les mairies d'arrondissements, exclusivement, du lundi au vendredi de 8 h 30 à 17 h, et le jeudi jusqu'à 19 h 30.

L'inscription à l'école élémentaire d'un enfant ayant atteint l'âge de l'obligation scolaire (6 ans) déjà scolarisé dans une école publique parisienne cette année est automatique. Elle ne nécessite aucune démarche à la mairie d'arrondissement.

Une affiche apposée devant toutes les écoles précise les modalités pratiques d'inscription. En savoir plus sur les démarches à effectuer pour une inscription scolaire : http//www.é.publiclocal.com

Répondez aux questions :

1. Pour inscrire son enfant, il faut :
  ☐ aller à la mairie.   ☐ écrire à la mairie.   ☐ aller sur Internet.

2. Quel jour peut-on aller inscrire son enfant après 17 h ? ....

3. À partir de quel âge est-ce qu'un enfant doit aller à l'école ? ....

4. Où peut-on avoir davantage d'informations ? Donnez deux réponses :

.... – ....

LIRE POUR S'INFORMER

1

LA FAMILLE ENTRE À L'UNIVERSITÉ

La première session de l'année de l'Université de tous les savoirs ouvre le 5 janvier. Douze conférences gratuites sur le thème de «La famille aujourd'hui» seront proposées jusqu'au 16 janvier, tous les jours à 20 h 30 à l'Université de la Sorbonne (5e).
«Les illusions de la famille»; «Famille et travail»; «Familles et immigrations»; «Le couple»; «Adolescents et familles» font partie des thèmes qui seront abordés lors de ces conférences. De nombreux spécialistes prendront la parole au cours de cette session, comme le sociologue Jean-Claude Kaufmann sur le thème du couple et le pédopsychiatre Marcel Rufo sur le thème des adolescents...
Programme complet sur www.utls.fr ou au 01 42 86 20 62

Les conférences ont lieu à l'amphithéâtre Voltaire, 4 rue de la Sorbonne, 75005 Paris.
Entrée gratuite.

Répondez aux questions :

1. Combien de conférences sont proposées ? ....

2. Quel est le thème de ces conférences ? ....

3. Quelles sont les professions des spécialistes cités ?
.... – ....

4. Où ont lieu ces conférences ? ....

5. À quelles dates ? ....

POUR VOUS ENTRAÎNER

Animation, encadrement et médiation, Bintou Sissoko-Gripone travaille sans relâche pour favoriser l'intégration et promouvoir l'entente des cultures

À Paris depuis vingt-huit ans, Bintou Sissoko-Gripone, Malienne, a élu domicile dans le 20e arrondissement. Un quartier où elle se sent bien et dans lequel elle est devenue incontournable. Médiatrice à l'association Femmes-relais 20e, elle consacre aujourd'hui son temps à aider les autres. Créée en 1996, l'association tient une permanence deux fois par semaine à la mairie du 20e. Dans un petit bureau, Bintou et deux autres médiateurs, issus du Maghreb et d'Asie, écoutent, conseillent et orientent celles et ceux qui viennent solliciter leur aide. Bien souvent, la principale barrière est linguistique. Les médiateurs servent alors d'interprètes, ils écrivent et lisent les courriers de l'Administration. Sans compter leur temps, ils se déplacent aussi, si besoin, pour intervenir dans un collège, avec une assistante sociale dans une famille ou encore dans le cadre d'un suivi médical.

Tisser des liens entre les cultures et les générations

Mais Bintou ne limite pas sa tâche à ses fonctions administratives. Elle a également créé une association, Benkadi (littéralement, « l'entente est bonne ») qui dispense des cours de langue et d'informatique afin de favoriser l'intégration. Des ateliers de cuisine, de danse et de couture permettent aussi de conserver les traditions africaines et de les transmettre, en particulier aux plus jeunes, ces enfants nés à Paris et qui ne sont jamais allés dans leur pays d'origine. « Ce n'est que lorsque l'on connaît sa propre culture qu'on apprend celle des autres », explique Bintou. Elle organise donc aussi, chaque année, un voyage au Mali pour que ces enfants parisiens aillent découvrir la réalité de la culture africaine.

Tous Parisiens, Tous Citoyens, numéro 2, Mairie de Paris, 2004.

1. Cet article parle :
- [ ] d'un événement culturel.
- [ ] d'un fait de société.
- [ ] d'un événement politique.

2. Le thème principal de cet article est :
- [ ] la vie des femmes africaines en France.
- [ ] les difficultés des immigrés avec l'administration.
- [ ] la double culture et l'intégration des immigrés.

3. Bintou Sissoko-Gripone :
- [ ] vient d'arriver en France.
- [ ] vit en France depuis plus de vingt ans.
- [ ] vient de rentrer au Mali.

4. Le rôle de Bintou Sissoko-Gripone est de :
- [ ] faciliter l'intégration des immigrés.
- [ ] donner des cours de langue aux immigrés.
- [ ] examiner leurs cartes d'identité.

5. Le bureau de Femmes-relais est :
- [ ] ouvert deux fois par semaine.
- [ ] ouvert du lundi au vendredi.
- [ ] *On ne sait pas.*

6. Cochez les différentes fonctions des médiateurs :
- [ ] Accompagner quelqu'un chez le médecin.
- [ ] Donner des cours.
- [ ] Écrire des lettres.
- [ ] Traduire.
- [ ] Offrir du travail.
- [ ] Organiser des clubs d'activités.

7. Cochez les différentes fonctions de l'association Benkadi :
- [ ] Organiser des visites de Paris.
- [ ] Donner des cours de français.
- [ ] Faire connaître la cuisine africaine.
- [ ] Faire connaître la culture africaine.
- [ ] Offrir un service de traduction.

3

PERMIS DE TRAVAIL EN SUISSE

Le marché du travail en Suisse est d'abord composé des citoyens suisses et des résidents étrangers porteurs d'un permis de travail permanent. Si une entreprise ne parvient pas à trouver tous les collaborateurs dont elle a besoin dans ce premier marché, elle peut alors chercher sur un second marché, celui des travailleurs étrangers ayant un permis de travail à durée limitée.

Aucun étranger n'est autorisé à exercer une quelconque activité rémunérée en Suisse sans un permis de travail valable. Il existe un quota destiné aux cadres étrangers et à la main-d'œuvre hautement qualifiée. Il faut compter quatre à six semaines avant de recevoir un permis de travail. Le coût de ce permis oscille entre SFr. 70.- et 200.- environ (US$ 40 à 120).

La loi suisse définit plusieurs sortes de permis, dont les plus courants sont :

1. Permis à durée illimitée

- **Permis de résident annuel** (Permis « B »). Il permet aux ressortissants étrangers (principalement cadres et spécialistes) de résider et de travailler en Suisse. Ce permis est renouvelable d'année en année.
- **Permis de résident permanent** (Permis « C »). Il permet à son détenteur de chercher du travail et de changer de lieu de résidence à l'intérieur de la Suisse. On peut demander un permis « C » après cinq renouvellements d'un permis « B » annuel.

2. Permis de durée limitée

- **Permis de courte durée :** ils sont délivrés pour des séjours temporaires entre quatre et dix-huit mois. Ils sont généralement attribués dans le contexte de projets spécifiques ou pour la formation de cadres ou de spécialistes.
- **Permis de 120 jours :** ils sont attribués pour des séjours limités de quatre mois consécutifs maximum ou 120 jours répartis au cours d'une année.

Le Conseil pour le développement économique du canton de Vaud (DEV) peut vous aider à entrer en contact avec le service de l'administration compétent.

Répondez aux questions :

1. Ce document parle des conditions pour :
☐ travailler en Suisse.　　☐ créer son entreprise en Suisse.　　☐ habiter en Suisse.

2. Vrai ou faux ? Cochez la case correspondante (☒) et recopiez la phrase ou la partie de texte qui justifie votre réponse.

	VRAI	FAUX
1. Il faut un mois minimum pour obtenir un permis de travail.		
Justification :		
2. Les étudiants étrangers n'ont pas besoin d'un permis de travail pour exercer un emploi.		
Justification :		
3. Le permis de travail est gratuit.		
Justification :		
4. Il faut 5 ans minimum pour obtenir un permis de résident permanent.		
Justification :		
5. Les permis de courte durée sont valables deux ans.		
Justification :		

LIRE LA CORRESPONDANCE

VOTRE AGENCE LYONNAISE DES EAUX-FRANCE
13 avenue de Coucy
02207 Soissons Cedex

Service Clients Tél. : 0810 393 393
Du lundi au vendredi de 8h00 à 19h00
Le samedi de 8h00 à 13h00
Bureaux ouverts du lundi au vendredi
De 9 h à 12 h et de 14 h à 16 h
Urgences 24 h sur 24 : 0810 893 893

Monsieur Robert Chemincreux
37 rue Horle Coquin
02220 Jouaignes

RAPPEL 4 mars 2005

Madame, Monsieur,

À ce jour, votre règlement ne nous est pas encore parvenu. Le montant restant dû est de 74,13 €.
Si vous avez effectué votre paiement récemment, nous vous en remercions et vous prions de ne pas tenir compte de ce courrier.
S'il s'agit d'un oubli, nous vous invitons à régler votre facture dès aujourd'hui par un moyen de paiement à votre convenance.
Sans paiement de votre part sous 48 h, une pénalité d'un montant de 8 € viendrait s'ajouter au solde dû.
En cas de difficulté ou pour toute autre raison, n'hésitez pas à contacter rapidement notre service clientèle aux numéros et horaires précisés en haut à gauche de cette lettre.
Dans l'attente de votre règlement, nous vous prions d'agréer, Madame, Monsieur, l'expression de nos sentiments dévoués.

Le Chef d'Agence Clientèle

J. Dalle

Ignace Dalle

Répondez aux questions :

1. **Quelle compagnie a envoyé cette lettre ?** ....

2. **Combien est-ce que M. Chemincreux doit payer ?** ....

3. **Combien de temps M. Chemincreux a pour payer sans pénalité ?** ....

4. **Quel numéro faut-il appeler pour avoir un renseignement ?** ....

5. **Est-ce que M. Chemincreux a déjà reçu une facture pour la même somme ?**
   ☐ OUI   ☐ NON   ☐ *On ne sait pas.*

Justifiez votre réponse : ....

2

Agence Vacances Soleil
3 bd Magenta
75010 Paris

Marina NISSERINE
22 avenue Gambetta
75011 PARIS

Paris, le jeudi 5 mai 200.

Madame,

Nous avons bien reçu votre lettre du 30 avril nous demandant de vous indiquer différentes possibilités de location en Bretagne. Nous avons pris note de vos souhaits : une maison pour 4 personnes, si possible au bord de la mer, pour la période du 1er au 15 août.

Nous avons deux propositions à vous faire :
– Une maison à Carnac (100 m²) à 5 minutes à pied de la plage : salon, salle à manger, deux chambres, cuisine équipée d'une machine à laver, d'un lave-vaisselle et d'un sèche-linge, salle de bain et salle de douche. Jardin de 1 000 m² avec piscine et ping-pong. Des vélos adultes et enfants sont à votre disposition. Prix : 1 200 € la semaine.
– Une maison à Saint-Malo (120 m²) tout près du centre-ville : salon, salle à manger avec une grande terrasse donnant sur la mer, trois chambres, cuisine équipée d'une machine à laver et d'un lave-vaisselle, deux salles de bain. 1 600 € la semaine.

Dans l'attente de votre réponse, nous vous prions de croire en l'expression de nos meilleurs sentiments.

Vrai ou faux ? Cochez la case correspondante (☒) et recopiez la phrase ou la partie de texte qui justifie votre réponse.

	VRAI	FAUX
1. Cette lettre est une réponse à une autre lettre. *Justification :*		
2. Marina Nisserine cherche à louer une maison à la campagne. *Justification :*		
3. Les deux maisons proposées sont dans la même région. *Justification :*		
4. La maison de Carnac est plus chère que la maison de Saint-Malo. *Justification :*		
5. La maison de Carnac est près de la plage. *Justification :*		
6. La maison de Saint-Malo est plus grande que la maison de Carnac. *Justification :*		

Bordeaux, le 10 juin 200.

Chers Valérie et Nicolas,

Nous avons été très heureux d'apprendre que vous alliez bientôt célébrer votre union et nous vous remercions de nous avoir invités à votre mariage. Malheureusement, nous serons en Italie à ce moment-là. Ce sont des vacances que nous avions prévues depuis très longtemps et nous ne pouvons pas annuler notre vol, ni changer la date. Vous vous souvenez certainement de nos amis Tony et Mary qui vivent en Australie. Ils nous ont invités à passer une semaine avec eux dans leur maison de vacances près de Florence. Nous ne les avons pas vus depuis sept ans et nous ne savons pas quand nous les reverrons si nous manquons cette occasion.

Nous vous souhaitons beaucoup de bonheur dans votre nouvelle vie. Nous vous souhaitons également d'avoir une grande famille puisque c'est votre vœu le plus cher.

Sylvie et Robert

1. Il s'agit d'une :
- ☐ lettre d'excuses.
- ☐ lettre d'invitation.
- ☐ demande d'informations.

2. Sylvie et Robert vont partir en Italie :
- ☐ pour des raisons professionnelles.
- ☐ pour des raisons personnelles.
- ☐ *On ne sait pas.*

3. Ils y vont :
- ☐ en voiture.
- ☐ en train.
- ☐ en avion.

4. Tony et Mary habitent :
- ☐ en Italie.
- ☐ en Australie.
- ☐ en France.

5. Sylvie et Robert ne voient pas souvent Tony et Mary :
- ☐ VRAI   ☐ FAUX

Justifiez votre réponse : ....

EXEMPLE D'ÉPREUVE
25 points

► ## EXERCICE 1   *6 points*

Vous voulez retirer de l'argent à un distributeur automatique. Choisissez le dessin qui correspond à chaque phrase:

A

B

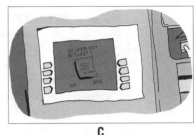

C

D

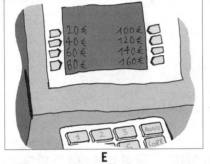

E

F

1. Veuillez insérer votre carte.
2. Composez votre code à l'abri des regards indiscrets.
3. Appuyez sur la touche verte pour valider.
4. Choisissez le montant que vous voulez retirer.
5. Désirez-vous un ticket? Appuyez sur OUI ou NON.
6. Retirez votre carte avant de prendre vos billets.

1. ......   2. ......   3. ......   4. ......   5. ......   6. ......

► ## EXERCICE 2   *6 points*

Lisez chaque titre et inscrivez le chiffre qui lui correspond dans la rubrique appropriée: Politique, Culture, Société, Sciences, Sports, Économie.

1. Espoir de traitement aux anticorps contre la maladie d'Alzheimer
2. L'insertion des handicapés à l'école
3. Seize films présentés en première mondiale au festival international du film de Berlin
4. À Washington, les slogans anti-guerre ont troublé la parade officielle
5. Les banques américaines enregistrent un bond de leurs profits
6. Australie: Trois Argentins en huitièmes de finale

Politique	Culture	Société	Sciences	Sports	Économie
......	......	......	......	......	......

► **EXERCICE 3**   *8 points*

**Opération chargement de la neige – On demande la collaboration des citoyens
de l'arrondissement de Villeray – Saint-Michel – Parc-Extension**

Montréal, le 7 janvier 2005 – À la suite des chutes de neige tombées hier, nous décrétons
l'opération chargement de la neige sur le territoire de l'arrondissement.
Dès 19 heures ce soir, près de deux cents employés affectés au déneigement seront à pied
d'œuvre pour procéder à l'enlèvement de la neige dans les rues et sur les trottoirs. Le travail se
poursuivra ainsi jusqu'au mardi soir, 11 janvier, s'il n'y a pas d'autres précipitations abondantes.

Signalisation d'enlèvement de la neige :
Surveillez bien la signalisation orange utilisée au cours de cette opération de déneigement. Ces
panneaux, accrochés en hauteur sur les panneaux de stationnement déjà existants sur la voie
publique vous indiqueront à quel moment déplacer votre véhicule.
En hiver, vous devrez regarder en l'air avant de garer votre véhicule.
Par courtoisie pour vos voisins et afin d'éviter une amende, ne pas pousser la neige accumulée
sur votre propriété dans la rue ou sur les trottoirs.

                                                                          http://www.ville.montreal.qc.ca

---

Répondez aux questions :

1. Ce texte s'adresse :
   ☐ aux employés de la ville de Montréal.
   ☐ aux habitants d'un arrondissement de Montréal.
   ☐ à tous les habitants de Montréal.

**Vrai ou faux ? Cochez la case correspondante (☒) et recopiez la phrase ou la partie de texte
qui justifie votre réponse.**

	VRAI	FAUX
1. On demande aux habitants d'enlever la neige dans les rues.		
Justification :		
2. Des panneaux indiqueront à quel moment on enlèvera la neige.		
Justification :		
3. On ne peut pas se garer dans les rues où on enlève la neige.		
Justification :		
4. Les habitants doivent enlever la neige de leur jardin et la mettre sur le trottoir.		
Justification :		

EXERCICE 4

5 points

À : g.dupuis.delf.fr

Cc :

Objet : Demande de rendez-vous

▶ Pièces jointes : *Aucune*

Police ▼   Taille de ▼   G *I* S T ≡ ≡ ≡

Bonjour,

Je viens d'être nommée à Bagdad comme nouvelle attachée de coopération linguistique et prendrai mes fonctions en septembre. Comme je serai à Paris du 10 au 15 juin, j'aimerais savoir si je pourrais passer vous voir à cette période. J'aimerais avoir davantage de renseignements sur les nouveaux examens DELF-DALF. J'ai déjà rendez-vous avec l'un de vos collègues le 12 juin de 15 h à 17 h. Cela serait plus facile pour moi de vous voir le même jour mais si ce n'est pas possible, je viendrai un autre jour.

Merci d'avance pour votre réponse.
Cordialement,
Dominique Lafleur

Vous venez de recevoir ce message sur votre ordinateur. Répondez aux questions:

1. Il s'agit d'un message:
- ☐ amical.
- ☐ professionnel.
- ☐ *On ne sait pas.*

2. Dominique Lafleur écrit pour:
- ☐ donner des informations.
- ☐ répondre à une invitation.
- ☐ demander un rendez-vous.

3. Dominique Lafleur:
- ☐ est à la recherche d'un emploi.
- ☐ vient de commencer un nouveau travail.
- ☐ va commencer un nouveau travail.

4. Dominique Lafleur souhaiterait:
- ☐ passer un examen.
- ☐ avoir les résultats de son examen.
- ☐ avoir des informations sur un examen.

5. Dominique Lafleur est libre:
- ☐ toute la journée du 12 juin.
- ☐ la matinée du 12 juin.
- ☐ tous les jours sauf le 12 juin.

AUTO-ÉVALUATION

	oui	pas toujours	pas encore
Je peux comprendre une lettre personnelle simple et courte.	☐	☐	☐
Je peux reconnaître les principaux types de lettres (demande d'information, commande, réclamation...) sur des sujets familiers.	☐	☐	☐
Je reconnais si un article de presse traite d'un sujet politique, culturel ou économique, d'un fait divers, de la météo...	☐	☐	☐
Je peux comprendre les panneaux dans les lieux publics (pour l'orientation, la sécurité, le danger, les interdictions...).	☐	☐	☐
Je peux trouver un renseignement spécifique dans des prospectus, des menus, des annonces, des horaires, un site Internet.	☐	☐	☐
Je peux suivre le mode d'emploi d'un appareil d'usage courant (comme un téléphone portable ou public).	☐	☐	☐

PRODUCTION ÉCRITE

► Rédaction de deux brèves productions écrites (lettre amicale ou message):
– décrire un événement ou des expériences personnelles;
– écrire pour inviter, remercier, s'excuser, demander, informer, féliciter…

PRODUCTION ÉCRITE

Cette épreuve comporte deux exercices de production écrite :

– 1re partie : brève description d'un événement ou d'une expérience personnelle, de la biographie d'une personne (réelle ou imaginée), d'expériences personnelles ou d'une activité passée. On peut aussi vous mettre en situation de parler de votre famille, de vos conditions de vie, de votre travail, de vos études. (60 à 80 mots)

– 2e partie : rédaction d'une lettre personnelle simple pour inviter, remercier ou s'excuser ou rédaction d'une note ou d'un message concernant des besoins immédiats. (60 à 80 mots)

Dans cette épreuve, on s'assure que vous pouvez communiquer par écrit ce que vous voulez dire, de manière simple, sur des sujets familiers (vous, votre famille, votre quotidien, le travail, les études) et habituels, faisant partie de votre environnement (le temps, la santé, les gens, les lieux, l'heure, les sujets à la mode, etc.).

Vous devez être capable de donner des détails personnels, de vous débrouiller dans des situations courantes, et donc de parler de vous, de ce qui vous entoure, des gens qui vous sont proches ou que vous croisez, de ce qu'ils font.

Vous devez également être capable de parler de vos désirs et de vos besoins, de demander des informations et de dire ce que vous aimez ou n'aimez pas, d'expliquer pourquoi.

Au niveau A2, vous pouvez utiliser des expressions simples, bien préparées et que vous avez apprises mais vous devez aussi être capable de *les adapter* à la situation. Vous disposez donc d'un « répertoire » d'expressions que vous pouvez adapter selon les circonstances.

En plus de cela, vous êtes maintenant capable de lier les phrases entre elles et de développer une idée.

Vous pouvez raconter une histoire, décrire quelque chose de manière simple.

Pour vous aider

▶ ### 1re partie de l'épreuve

Décrire un événement ou des expériences personnelles

Le journal intime ou le journal de voyage offrent une excellente occasion de faire par écrit des descriptions concernant votre vie de tous les jours, ce qui vous entoure, les gens qui croisent votre chemin.

Si vous n'en avez pas l'habitude, imaginez que, lorsque vous êtes en vacances, vous tenez votre journal de voyage : sur la page de gauche, vous indiquez simplement le programme de la journée (jour, moments de la journée, lieux, activités marquantes) et sur la page de droite, vous écrivez ce que vous avez vu et ce que vous avez ressenti, selon votre humeur du moment et la situation.

▶ **EXEMPLES DE CONSIGNE**

À la page du mercredi 11 mai, sur votre journal de voyage, vous avez noté quelques points importants (page de gauche). Sur la page de droite maintenant, vous écrivez vos premières impressions en utilisant les informations de votre choix (60-80 mots).

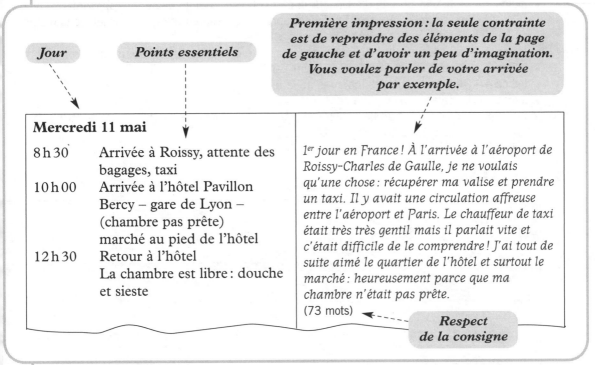

Jour

Points essentiels

Première impression : la seule contrainte est de reprendre des éléments de la page de gauche et d'avoir un peu d'imagination. Vous voulez parler de votre arrivée par exemple.

Mercredi 11 mai

8 h 30	Arrivée à Roissy, attente des bagages, taxi
10 h 00	Arrivée à l'hôtel Pavillon Bercy – gare de Lyon – (chambre pas prête) marché au pied de l'hôtel
12 h 30	Retour à l'hôtel La chambre est libre : douche et sieste

1er jour en France ! À l'arrivée à l'aéroport de Roissy-Charles de Gaulle, je ne voulais qu'une chose : récupérer ma valise et prendre un taxi. Il y avait une circulation affreuse entre l'aéroport et Paris. Le chauffeur de taxi était très très gentil mais il parlait vite et c'était difficile de le comprendre ! J'ai tout de suite aimé le quartier de l'hôtel et surtout le marché : heureusement parce que ma chambre n'était pas prête.
(73 mots)

Respect de la consigne

À vous maintenant.

Vous n'auriez sans doute pas écrit cela. Exercez-vous dès à présent et écrivez votre propre texte à partir des mêmes informations (60 à 80 mots environ).

▶ **2e partie de l'épreuve**

Écrire pour inviter, remercier, s'excuser, demander, informer, féliciter…

EXEMPLE DE CONSIGNE : Vous venez de recevoir cette carte.

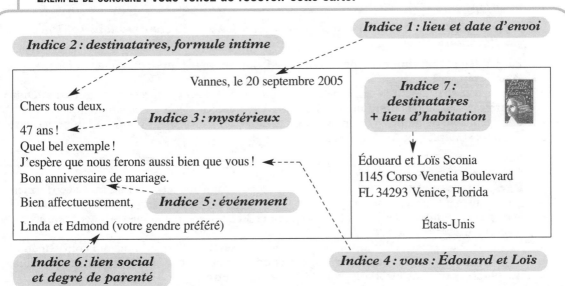

Indice 1 : lieu et date d'envoi

Indice 2 : destinataires, formule intime

Vannes, le 20 septembre 2005

Indice 7 : destinataires + lieu d'habitation

Chers tous deux,

Indice 3 : mystérieux

47 ans !
Quel bel exemple !
J'espère que nous ferons aussi bien que vous !
Bon anniversaire de mariage.

Bien affectueusement,

Indice 5 : événement

Linda et Edmond (votre gendre préféré)

Édouard et Loïs Sconia
1145 Corso Venetia Boulevard
FL 34293 Venice, Florida

États-Unis

Indice 6 : lien social et degré de parenté

Indice 4 : vous : Édouard et Loïs

Consigne (suite) : **Vous avez peu de temps mais vous remerciez tout de suite par courriel. Vous dites ce que vous faites pour fêter l'événement et vous montrez que vous voulez aussi le fêter avec Linda et Edmond. (60 à 80 mots)**

Une lecture attentive des informations contenues dans cette carte vous permet de déterminer :

- **Indice 1** – Le lieu et la date d'envoi sur la carte : Il est possible de situer approximativement le jour de la réponse, forcément après le 20 septembre (par courriel, vous n'aurez toutefois pas à vous en préoccuper).
- **Indice 2** – La nature du lien entre l'expéditeur et le ou les destinataires : intime.
- **Indice 3** – Mystérieux tout d'abord, évident par la suite grâce à l'indice 5.
- **Indice 4** – Référence aux destinataires de la lettre.
- **Indice 5** – En relation avec l'indice 3.
- **Indice 6** – Lien social : famille – degré de parenté – Edmond est le gendre d'Édouard et de Loïs, Linda est leur fille.
- **Indice 7** – Identité des destinataires de la carte.

EXEMPLE DE RÉPONSE :

De :	Ed et Loïs
À :	'Linda et Edmond'
Objet :	47 ans !

Chers tous deux,

Merci d'avoir pensé à notre 47e anniversaire de mariage… Votre jolie carte est arrivée ce matin, le jour J! C'est un petit miracle!
Ed m'offre le restaurant aujourd'hui… Où ? Je ne peux pas vous le dire, c'est une surprise…
Quand nous serons tous ensemble, nous le fêterons une deuxième fois.
Je vous laisse parce que le «jeune marié» regarde sa montre et je ne suis pas prête.

Nous pensons bien à vous et vous embrassons.

Loïs

Avant d'aller plus loin, il est utile d'aborder un point essentiel : les critères de notation !

Il convient d'être très clair sur «les règles du jeu» et de communiquer efficacement sur l'évaluation.

Pour obtenir le maximum de points en production écrite le jour de l'examen, il faut :
Pour l'exercice 1 :
- respecter strictement la consigne et donc bien la lire pour comprendre ce qui est attendu ;
- être capable de raconter une histoire, un événement, de décrire une situation ;
- être capable de donner vos impressions, d'expliquer simplement pourquoi un projet, une chose, vous plaît ou vous déplaît.

Pour l'exercice 2 :
- respecter la consigne (encore et toujours) ;
- respecter les codes habituels pour commencer ou finir une lettre ou un message (formes courantes d'accueil et de congé) ;
- réagir de manière adéquate à une situation et à ce qu'une personne vous écrit : trouver les idées, trouver les mots.

Enfin, dans les exercices, vous montrerez que vous savez choisir les mots qui conviennent, respecter les règles grammaticales de base et qu'en plus de tout cela, vous écrivez désormais des phrases que vous liez avec naturel les unes aux autres.

Pour vous entraîner

Pour prendre des nouvelles

Lisez attentivement le modèle proposé pour la santé et faites la même chose avec les autres thèmes. N'hésitez pas à proposer plusieurs formulations.

– Comment vas-tu maintenant ?

Santé
Je veux prendre des nouvelles de la santé d'un(e) ami(e) malade.

– J'espère que tu vas mieux.

– Est-ce que tu vas mieux ?

Études
Je veux savoir quelles études il/elle suit, quels examens il/elle passe et quand.

Examens, concours
Je veux savoir s'il/si elle a réussi son examen, obtenu son diplôme.

Occupations
Je veux savoir ce qu'il/elle fait en ce moment, s'il/si elle a beaucoup de travail, si c'est intéressant.

Famille
Je veux prendre des nouvelles de toute la famille (père, mère, frère(s), sœur(s).

Projet de vacances
Je veux savoir ce qu'il/elle fait pendant les prochaines vacances, où il/elle veut aller.

Activités
Je veux savoir ce qu'il/elle aime faire (musique, sport, cinéma).

Avancement d'un projet (à préciser)
Je veux parler de son projet de déménager.

POUR VOUS ENTRAÎNER

Décrire un lieu

Observez les photos ci-dessous et trouvez les mots pour décrire ces endroits de manière simple.

Quartier près de l'hôtel : Boulevard de Reuilly – jour de marché

Décrivez le marché : ....

....

Quartier Bercy : Bercy Village

Décrivez l'ambiance, les bâtiments, les cafés : ....

....

....

Quartier Gare de Lyon : La Coulée verte

Décrivez la promenade (trottoirs, rollers) : ....

....

Quartier ministère de l'Économie : Le POPB

Décrivez le bâtiment : ....

....

Décrire vos menus

1. **Décrivez un menu typiquement français (selon vous) :** avec entrée, plat principal, fromages, dessert, boissons.

....

2. **Décrivez votre menu préféré (français ou non) :**

....

3. **Écrivez la recette et donner les ingrédients d'un plat simple :** œufs durs, croque-monsieur, hamburger, pizza ou tout autre plat que vous connaissez.

....

Vous devez être capable d'écrire la recette pour une personne.

Comparer des plats et des saveurs

Vous allez vous livrer à un exercice de comparaison. Si vous souhaitez écrire quelques lignes sur votre dernier repas au restaurant et parler des plats que vous avez choisis, il faut être capable, selon les cas, de dire ce qui les composait, ce que vous avez choisi, pourquoi, et de faire un commentaire sur leur goût (éventuellement de comparer le plat avec un plat de votre pays).

Écrivez un texte de 30 à 50 mots sur chaque partie de menu.

Menu à 15 euros

Entrée

Salade composée
ou
Pâté de campagne
et

Plat principal

Quiche lorraine
ou
Pizza margarita
et

Fromages ou dessert
Camembert fermier,
bleu d'Auvergne
ou

(À vous de proposer un choix de desserts.)

Comparer des goûts artistiques

1. **Comparez des films que vous avez vus et que tout oppose :**

....

Qu'est-ce qui les caractérise ?
Qu'est-ce que «je» vais voir ?
Pourquoi ?
Quelle est la raison principale ?

2. **Comparez des chanteurs que tout oppose :**

....

Qu'est-ce qui les caractérise ?
Qui est-ce que j'aime/
j'aimerais voir en concert ?
Pourquoi ?

3. **Comparez des tableaux que tout oppose :**

....

Qu'est-ce qui les caractérise ?
Quel tableau est-ce que
j'aime regarder ?
Pourquoi ?

Comparer les personnes

Comparez des personnes que vous connaissez : ◄ - -

> Qu'est-ce qui les caractérise ?
> Quels sont leurs points communs ?
> Qu'est-ce qui les oppose ?

– Un frère et une sœur (de votre famille ou que vous connaissez). ◄- - - - - - - - - - - - - -

> Âge, physique, personnalité, relation avec vous.

– Votre père et votre mère (ou deux adultes qui sont très proches l'un de l'autre). ◄- - - - - - - - - -

> Âge, physique, personnalité, rôle à la maison, relation avec vous.

– Vos deux meilleur(e)s ami(e)s. ◄- - - - - - - - -

> Âge, physique, personnalité, goûts, famille.

– Deux professeurs que vous avez eus. ◄- - - - -

> Matière enseignée, style, personnalité, éléments positifs et négatifs

À vous de trouver deux autres personnes et de continuer cette liste :

....

Raconter un événement ou une expérience

> Un événement, ce peut être un concert, un festival, des retrouvailles, un exploit, une fête, etc.

Racontez un événement ou une expérience particulière vous concernant ou touchant une personne que vous connaissez. (60-80 mots environ)

> *Vous pouvez faire plusieurs fois cet exercice en choisissant plusieurs événements, réels ou imaginaires, qui se sont produits à des périodes différentes : il y a longtemps, ou il y a quelques mois, ou le mois dernier, ou la semaine dernière, ou hier.*
>
> ⚠ *En lisant votre texte, le lecteur devra comprendre facilement ce qui s'est passé, quand cela s'est passé, comment cela s'est passé, quelle en est la conséquence éventuelle (importante ou non), ce que vous en avez pensé ou ce que vous avez ressenti.*

Énumérer et décrire

À partir des situations proposées, faites découvrir votre univers personnel. Dans des paragraphes de 30 à 50 mots chacun, décrivez et faites découvrir au lecteur :

> ⚠ *Ne vous contentez pas de faire un inventaire, une liste. Donnez quelques détails, enchaînez les phrases. Si le lexique vous manque, faites des recherches.*

– votre chambre ;
– votre maison ;
– votre ville.
Les caractéristiques de votre région par rapport à votre pays,
Votre pays, sa situation géographique, sa population, les langues qu'on y parle, etc.
(Ce dernier paragraphe pourra atteindre 60 à 80 mots.)

À quoi reconnaît-on...

Répondez à cette question en rédigeant un texte de 30 à 50 mots sur les sujets qui suivent :
Napoléon – un policier – un pompier – une infirmière – un professeur – un avocat –
une bicyclette – un avion – un génie – un Français.

Continuez ce jeu avec tout ce qui vous passe par la tête. Vous avez sans doute remarqué qu'il n'est pas toujours facile de répondre. Trouvez pourquoi. Identifiez ce qui vous pose le plus de problèmes. Réfléchissez et tirez-en des conclusions.

Écrire de brèves notes simples, de courts messages, des SMS en rapport avec des besoins immédiats

Voici quelques situations où il peut être nécessaire de laisser un message à quelqu'un. Ce message peut être déposé sur une table, sur un bureau, sur un ordinateur, scotché à la porte, déposé dans une boîte aux lettres, glissé sous l'essuie-glace d'une voiture, envoyé par téléphone (SMS) ou par mél. Les moyens ne manquent pas.

Prenez connaissance du tableau ci-dessous. À vous de dire la même chose <u>gentiment</u> en 50 mots environ.

Problème	Service demandé
Pas le temps Urgence Réunion Retour à la maison plus tard que prévu Parti(e) faire une course Parti(e) dépanner quelqu'un Oubli	Passe chercher mon costume/ma robe au pressing ! Va chercher les enfants à l'école ! Prépare le goûter des enfants ! Poste cette lettre, achète des timbres de collection et demande les tarifs pour les expéditions à l'étranger ! Passe chez ta mère pour réparer sa serrure ! Passe chez ta grand-mère pour l'aider à retrouver ses lunettes ! Passe prendre ton partenaire au tennis, sa voiture est en panne ! Passe chercher ma commande chez le boucher ! Passe reprendre les clés/déposer les clés chez la gardienne de l'immeuble ! Passe déposer un certificat médical à l'école !

1. Reprenez les situations ci-dessus : déterminez la raison pour laquelle vous demandez un service, et écrivez vous-même le message correspondant (50 mots environ).

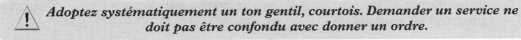

⚠ Adoptez systématiquement un ton gentil, courtois. Demander un service ne doit pas être confondu avec donner un ordre.

2. À vous de mettre en scène des situations nécessitant de laisser ou d'envoyer un message (60 mots environ). Imaginez les messages que vous laisserez si :
   - vous n'avez pas eu le temps de faire quelque chose ;
   - il y a une situation d'urgence mais vous n'êtes pas en situation d'agir vous-même ;
   - votre programme est modifié, cela entraîne des conséquences ;
   - vous vous absentez mais vous ne savez pas pour combien de temps.

À chaque fois, déterminez ce qu'il faut faire, à qui vous allez le demander, et la raison pour laquelle vous faites appel à cette personne.

Exercices d'entraînement fidèles à l'épreuve
PARTIE 1. DÉCRIRE UN ÉVÉNEMENT, DES EXPÉRIENCES PERSONNELLES

Exprimer ses impressions en termes simples

Vous êtes allé(e) en Normandie, pendant votre séjour en France et vous avez vu les plages du débarquement.
C'était un moment de grande émotion car le père de votre époux (épouse) ou quelqu'un que vous connaissez a vécu ces événements, le 6 juin 1945.
Dans votre journal de voyage, voici ce que vous écrivez ce jour-là (60-80 mots environ).

Décrire les lieux, une expérience professionnelle ou académique

Il n'y a pas de centre d'examen du DELF et du DALF dans votre ville. Avant de venir à Paris, vous vous êtes inscrit par correspondance à une session du DELF A2 proposée par un des centres d'examen de la capitale ; le jour J est arrivé. Les épreuves collectives duraient 1 h 40 et l'oral individuel avait lieu quelques heures plus tard et durait 6-7 minutes.
Ce jour-là, que d'émotions ! Vous écrivez dans votre journal ces moments de stress et de joie aussi. (60-80 mots environ)

Décrire des activités passées et des expériences personnelles

Il fait un temps terrible aujourd'hui à Paris : il pleut et il fait froid. Vous feuilletez votre journal de voyage et vous vous apercevez que vous avez laissé une page blanche à la fin du journal de vos dernières vacances : elle devait servir pour la conclusion.
Sans attendre, vous écrivez quelle impression générale vous ont laissé ces dernières vacances, les points forts, les rencontres, les émotions qui resteront longtemps dans votre mémoire. (80-100 mots environ)

Décrire des occupations quotidiennes, des habitudes

Vous avez pris vos habitudes dans cet hôtel. Vous décrivez le rituel que vous suivez le matin : depuis le moment où vous vous réveillez jusqu'à celui où vous quittez habituellement l'hôtel (réveil, toilette, petit déjeuner, plan de la journée, etc.). (60-80 mots environ)

Décrire des projets et leur organisation ; expliquer ce qu'il/elle aime ou n'aime pas

À Paris, il est difficile de ne pas être tenté de faire une sortie en bateau-mouche.

Le succès dépend aussi du temps qu'il fait, de l'intérêt des commentaires, de votre humeur.
Cette fois-ci dans votre journal, vous parlez de cette activité et dites comment vous avez organisé cette sortie,
ce que vous avez aimé, ce que vous n'avez pas aimé.

Une recherche sur Internet avant de faire cet exercice vous donnera certainement des idées.

Faire une description simple et courte d'événements et d'activités

Vous étiez à Saint-Germain-des-Prés aujourd'hui et vous avez voulu prendre un café à la terrasse des Deux Magots. Il y avait un monde incroyable. Soudain, deux personnes vous ont demandé si elles pouvaient s'asseoir sur votre banquette. Surpris(e), vous reconnaissez deux célébrités de la chanson ou du cinéma. À votre accent, elles s'aperçoivent que vous êtes étranger(e) et vous parlent quelques minutes. Elles vous signent un autographe.
C'est l'événement du jour : vous le racontez avec beaucoup de détails dans votre journal de voyage. (100-120 mots environ)

Décrire des objets et animaux familiers ; parler brièvement d'objet et de choses qu'il/elle possède et les comparer

Vous êtes allé(e) sur l'île de la Cité et vous avez admiré le marché aux fleurs. En traversant la Seine, vous êtes passé(e) devant tous les oiseleurs et leurs cages remplies d'oiseaux exotiques. Vous avez gardé une forte impression de ces moments magiques et prenez votre journal pour ne parler que de cela sur la page de droite. Vous pensez aux oiseaux et aux fleurs de votre pays et faites quelques comparaisons. (100-120 mots)

Écrire un message pour informer

Demain, c'est le départ. Vous êtes obligé(e) de quitter l'hôtel avant l'heure du petit déjeuner. Vous décidez de laisser un message à la réception de l'hôtel, à l'attention d'un(e) des client(e)s de l'hôtel avec lequel/laquelle vous avez sympathisé(e). Vous parliez ensemble tous les matins au moment du petit déjeuner. Vous ne pourrez pas revoir cette personne avant votre départ. Vous ne pourrez pas la saluer. Vous lui expliquez cela et lui laissez votre adresse. (80-100 mots)

PARTIE 2. ÉCRIRE POUR INVITER, REMERCIER, S'EXCUSER, DEMANDER, INFORMER, FÉLICITER

Demander des nouvelles

Vous n'avez pas reçu de lettre ou d'appel téléphonique de Claire depuis presque un an. C'est une amie qui habite à Vannes (en Bretagne) avec son mari, Didier, et ses trois enfants (Thibaut, Hélène et…, vous avez oublié le prénom du petit dernier). Vous lui écrivez une lettre pour lui montrer que vous pensez à elle, et vous lui demandez des nouvelles de tout le monde. (60-80 mots environ)

Réagir à une réponse et répondre à une invitation

Claire vous a répondu : tout va bien, elle est heureuse d'avoir reçu votre lettre. Elle espère que vous viendrez bientôt en France et que vous pourrez passer quelques jours à Vannes tous ensemble. Elle a depuis peu une adresse électronique (claire.didier@hotmail.com). Vous envoyez un message électronique dès la réception de cette lettre pour montrer votre joie d'avoir reçu des nouvelles, remercier pour l'invitation même si, pour l'instant, vous ne savez pas quand vous irez en France. (60-80 mots environ)

De plus en plus de sujets proposent des exercices de production écrite en utilisant le support des courriels. Si vous vous demandez quelle est l'« adresse électronique » car la consigne ne le dit pas, adoptez la démarche suivante : le prénom ou le nom de la personne entre guillemets (ex. : « Linda et Edmond » ou « Serge.Carrier »). Petit point technique : le fichier d'adresses électroniques est enregistré dans la messagerie de l'ordinateur et les adresses qui sont souvent utilisées sont immédiatement identifiées par votre ordinateur : l'intitulé « Linda et Edmond » cache une adresse électronique du type Linda.edmond@wanadoo.fr.

Mener à bien un échange très court

De :	« Diana »
À :	« services ressources humaines »
Objet :	FLO & CO

Chers collègues,

Le ventre de Sophie n'en finit pas de s'arrondir et, bientôt, elle pourra nous présenter son petit trésor…
Plusieurs d'entre vous ont souhaité se joindre à notre petit groupe pour participer au cadeau commun pour le bébé de Sophie.
Ce superbe porte-bébé lui permettra de l'emporter partout et, selon notre fortune, nous pourrons remplir ses nombreuses poches de petites surprises !
Je m'en occupe avec plaisir. Merci de me tenir rapidement informée si vous souhaitez participer.

Diana

Vous répondez par courriel à Diana pour :
– la remercier pour son initiative et son idée ;
– lui dire que vous participez (avec enthousiasme) ;
mais attention, vous allez prévoir deux versions :
– une version très courte (30-40 mots environ) ;
– une version moins courte (60-80 mots environ).

Féliciter (pour une naissance)

Vous venez d'apprendre l'heureux événement : Sophie a eu son bébé. Vous achetez une jolie carte et lui adressez vos félicitations. (50 mots environ)

Félicitations	....

Répondre à des questions sur ce qu'il/elle fait professionnellement et pour ses loisirs

Ce message vous est adressé :

De : «caroline»

À : virginie@yahoo.fr

Objet : reprise

Bonjour,

Je profite de l'accalmie au bureau, puisque tout le personnel est parti, pour t'écrire deux mots. En fait, la visite de Pascal Ferrand, m'a rappelé à ton bon souvenir, combien j'avais apprécié la travailler avec toi et surtout, que je ne t'avais pas donné de nouvelles depuis une éternité. La reprise du boulot s'est faite selon la méthode sans douleur et j'essaie tant bien que mal d'harmoniser ma vie de mère et de FLEiste de terrain. Mon petit d'homme se porte comme un charme, il grandit à la seconde! C'est terrible. Du haut de ses 4 mois, il commence déjà à tyranniser ses parents, mais on tient bon. Je t'envoie ses plus récentes photos.

J'espère que de ton côté Marc et toi allez bien. Où en es-tu professionnellement?

Bien à toi,

Caro
PS : excuse-moi, je ne fais pas beaucoup d'efforts pour t'écrire avec des mots simples mais Pascal m'a dit que tu avais fait de superbes progrès en français et que tu comprends tout ou presque!

Vous lisez ce message avec plaisir. À vous de réagir à tout ou partie des sujets abordés par Caroline.

Démarche proposée : soulignez d'abord les mots-clés puis faites la liste des sujets que vous voulez traiter. Réfléchissez à ce que peut vouloir dire la question posée par Caroline à la fin de son message (Où en es-tu professionnellement?)
Enfin répondez par courriel à Caroline. (60-80 mots)

Discuter ce qu'il/elle veut faire et faire les arrangements nécessaires. Faire une proposition. Accepter une proposition

1. Vous voulez jouer au tennis avec votre meilleur(e) ami(e) pendant le week-end. Vous lui envoyez un message pour lui faire une proposition (jour, heure, lieu) et vous espérez recevoir une réponse le jour même. (60-80 mots environ)

2. Projet : Faire une partie de tennis
Vous avez reçu une réponse immédiate. Votre ami(e) est d'accord pour jouer le jour et à l'heure que vous avez proposés. Il/Elle vous propose même de manger ensemble après la partie. Vous répondez à son message pour lui dire que :
– vous acceptez ou refusez sa proposition concernant le repas ;
– vous allez réserver un cours de tennis ;
– vous passerez le/la prendre en voiture 15 minutes avant l'heure de la partie de tennis.
(80-100 mots environ)

3. **Situation**: un(e) ami(e) vous a demandé il y a déjà quinze jours si vous pouviez l'accueillir chez vous pendant deux jours le mois prochain. Il/Elle doit passer les épreuves orales d'un concours dans votre ville. Il/elle n'a pas encore reçu la convocation et ne sait donc pas quand il/elle arrivera.

Vous lui écrivez pour lui dire que :
– vous répondez avec retard et présentez des excuses ;
– vous êtes d'accord pour l'accueillir ;
– vous n'avez pas besoin de connaître la date et l'heure de son arrivée car vous ne serez pas là.

La gardienne a un double des clés (sauf problème grave, ne pas frapper à sa porte entre 20 h et 8 h). (80-100 mots environ)

Mener à bien un échange simple avec un organisme de vente sur Internet

Vous naviguez sur un site de troc[1] sur Internet et découvrez cette proposition :

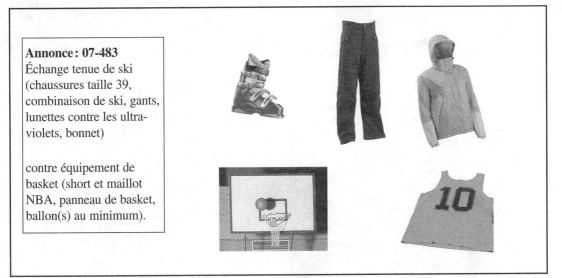

Annonce : 07-483
Échange tenue de ski (chaussures taille 39, combinaison de ski, gants, lunettes contre les ultra-violets, bonnet)

contre équipement de basket (short et maillot NBA, panneau de basket, ballon(s) au minimum).

Vous répondez à cette annonce car elle vous intéresse et proposez de fixer un rendez-vous. (50 mots environ)

----

1. troc = échange.

EXEMPLE D'ÉPREUVE
25 points

► ## EXERCICE 1

13 point

Vous quittez définitivement l'entreprise dans laquelle vous avez travaillé plusieurs années. Vous adressez un courriel à l'ensemble du personnel pour leur annoncer votre départ. Vous rappelez dans quel service vous étiez, où se situait votre bureau et en quoi consistait votre travail. Enfin, vous dites quel(s) souvenir(s) vous garderez de cette expérience parmi eux, ce que vous avez appris.

Écrivez un texte de 60 à 80 mots.

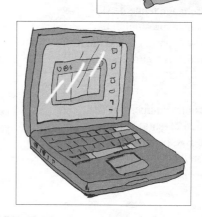

À :	personnel.cga.com
Cc :	
Objet :	départ

► Pièces jointes : *Aucune*

| Police ▼ | Taille de ▼ | G | *I* | S | T | ≡ | ≡ | ≡ | | |

....
....
....
....
....
....
....
....

EXERCICE 2

12 points

Vous êtes membre de l'association *Vie et citoyenneté*, et vous avez reçu le courrier de Michèle, que vous connaissez bien. Vous n'êtes pas libre le 6 juillet mais vous pensez qu'il n'y a pas de problème fin septembre. Vous répondez à ce courrier. (60-80 mots)

Association Vie et citoyenneté
20…
27 rue Lafayette
33000 Bordeaux

Bordeaux, le 20 juin

Monique LEBLANC
Adjointe à la Maire du
Déléguée à

POT DE FIN D'ANNÉE

Chers amis,

Je suis heureuse de vous inviter à un apéritif amical :
le mercredi 6 juillet à 19 heures, dans les locaux de l'association.

C'est pour moi l'occasion de vous remercier pour votre participation active aux différentes actions que nous avons menées cette année et pour le travail très important que vous avez accompli bénévolement.

Vous avez été des acteurs essentiels à la vie de notre quartier. Vos nombreuses initiatives (fêtes et repas de quartier, «circul'livres», spectacles, animations pour les enfants, rallyes pédestres, promenades mémoire…) ont permis de créer des liens nouveaux entre les habitants.

Par ailleurs, je vous propose une réunion avant la fin du mois de septembre pour faire le bilan du fonctionnement de l'association.

À très bientôt, j'espère.

Bien amicalement,

Michèle BLUET
Directrice

....
....
....
....
....
....
....
....
....
....
....
....
....

Production écrite

AUTO-ÉVALUATION

	oui	pas toujours	pas encore
Je peux exprimer mes impressions en termes simples.	☐	☐	☐
Je peux faire une longue description des données quotidiennes de mon environnement comme les gens, les lieux, mes études ou une expérience professionnelle, mon travail actuel ou le dernier en date.	☐	☐	☐
Je peux décrire des activités passées et des expériences personnelles.	☐	☐	☐
Je peux décrire des événements.	☐	☐	☐
Je peux décrire des occupations quotidiennes et des habitudes.	☐	☐	☐
Je peux décrire ma famille, mes conditions de vie.	☐	☐	☐
Je peux décrire des projets et leur organisation.	☐	☐	☐
Je peux expliquer ce que j'aime ou ce que je n'aime pas.	☐	☐	☐
Je peux décrire et comparer dans une langue simple des objets et des animaux familiers.	☐	☐	☐
Je peux expliquer en quoi une chose me plaît ou me déplaît.	☐	☐	☐

PRODUCTION ORALE

► Épreuve en trois parties :
– l'entretien dirigé ;
– le monologue suivi ;
– l'exercice en interaction.

PRODUCTION ORALE

Pour l'épreuve d'expression orale, vous devez :

1. vous présenter (ou présenter quelqu'un) ;
2. présenter un thème de votre vie quotidienne (choisi par tirage au sort) ;
3. résoudre une situation de la vie quotidienne :
   - soit en simulant la situation avec l'examinateur (acheter quelque chose **ou** accepter **ou** refuser une invitation **ou** commander un repas **ou** prendre une chambre dans un hôtel **ou** acheter...) ;
   - soit en accomplissant une tâche en commun avec l'examinateur (organiser une activité ou échanger des informations ou négocier et discuter).

Déroulement de l'épreuve

1. Vous tirez au sort les sujets des étapes 2 et 3.
2. Vous allez préparer pendant 10 minutes ce que vous allez dire.
3. Vous passez l'examen (étape 1, étape 2 et étape 3). Attention ! Vous pouvez utiliser vos notes mais pas lire systématiquement un texte.

Pour vous aider

► **N'oubliez pas :**

- de saluer l'examinateur en arrivant ;
- de vous présenter ;
- de lire les consignes. Elles expliquent :
  - ce que vous devez faire (poser des questions, répondre à des questions, jouer le rôle de...). Ces consignes vous expliquent aussi quoi faire avec le matériel qui vous est proposé ;
  - la situation (un jeu de rôles dans un hôtel, un restaurant, une banque...) ;
  - le temps qui vous est accordé ;
  - si vous avez droit ou non à une préparation initiale ;
  - le rôle de l'examinateur ;
    - de parler clairement, assez fort et en regardant votre interlocuteur ;
    - de demander à l'examinateur de répéter si vous n'avez pas compris ;
    - de prendre congé de votre examinateur à la fin de l'examen.

L'épreuve d'expression orale du DELF A2 ressemble à celle du DELF A1. Mais attention ! Le niveau d'exigence est supérieur et le jury attend du candidat une expression plus structurée avec un lexique plus riche. Nous vous donnons de nombreuses suggestions dans cette partie. Utilisez-les.

Étape 1. L'entretien dirigé

Vous saluez votre examinateur (ou votre examinatrice) :

Bonjour/Bonsoir, monsieur/madame.

Vous vous présentez :

Je m'appelle…, je suis… (*nationalité, profession, état civil*), j'habite… (*adresse*), j'ai… (*âge, enfants…*)

Vous expliquez pourquoi vous passez cet examen…

Je passe cet examen parce que :
– j'aime beaucoup le français.
– je vais aller en France/dans un pays francophone bientôt.
– je vais me marier à un(e) Français(e).
– je travaille dans une entreprise française, etc.

L'examinateur(trice) vous pose quelques questions :

Sur vous :

Qu'est-ce que vous faites le week-end ? Où travaillez-vous ?

Sur ce que vous aimez, ce que vous détestez :

Vous aimez le sport ? Quel sport est-ce que vous faites ? Vous regardez la télévision ? Quelle sorte de programmes aimez-vous ?

Sur votre famille :

Que fait votre conjoint ? et vos enfants ?

 Cette liste n'est pas limitative !

Étape 2. Le monologue suivi

L'examinateur(trice) vous pose LA question que vous avez tirée au sort. Vous y répondez en fonction de ce que vous avez préparé.

Exemples de questions :

Décrivez une de vos journées habituelles.
Parlez de vos prochaines vacances.
Racontez un bon souvenir.
Parlez de votre pays.
Parlez de la ville où vous habitez.
Parlez d'une personne que vous aimez.

⚠ *Vous devez vous exprimer sur ce sujet pendant 1 à 2 minutes et l'examinateur(trice) restera silencieux(se).*
Vous pouvez vous aider des notes que vous avez prises pendant la préparation mais il ne s'agit pas de lire un texte tout préparé.

► ## Étape 3. L'exercice en interaction

Cet exercice peut prendre plusieurs formes (au choix des concepteurs des sujets, dialogue simulé ou coopération). Vous devez donc vous préparer à plusieurs activités possibles.

Le dialogue simulé
Dans le dialogue simulé, il y a une situation et une action. Reliez chaque lieu à l'action proposée (plusieurs réponses possibles) :

Situation 1

au cinéma

Situation 2

au restaurant

Situation 3

dans un supermarché

Situation 5

dans une banque

Situation 4

dans une agence de voyages

A

acheter/vendre

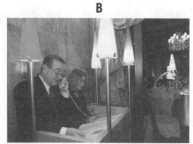

B

réserver

C

commander

E

changer

D

comparer

Situation 1	Situation 2	Situation 3	Situation 4	Situation 5
A	B-C	A	D	E

Dans le dialogue simulé, il y a deux personnages :

VOUS		L'EXAMINATEUR

qui jouent chacun un rôle :

LE CLIENT	LE VENDEUR	L'EMPLOYÉ	LE FONCTIONNAIRE

La coopération

Dans un exercice de coopération, vous avez à accomplir AVEC l'examinateur une tâche commune. Vous devrez échanger des informations, discuter de ce que vous pouvez faire, communiquer des informations, répondre à des suggestions, demander des directives ou en donner, donc coopérer. Dans cet exercice, vous n'assumez pas forcément un rôle simulé.

TEMPS DE PRÉPARATION : 10 MINUTES pour les étapes 2 et 3.

Pour vous entraîner

SE PRÉPARER AU MONOLOGUE SUIVI (étape 2)

PARLER DE SA JOURNÉE QUOTIDIENNE

1 Conjuguez à la 1ʳᵉ personne du singulier les verbes d'action d'une journée typique :

1. se lever : *je* ....

2. se laver : ....

3. s'habiller : ....

4. prendre le petit déjeuner : ....

5. partir : ....

6. travailler : ....

7. déjeuner : ....

8. faire la pause : ....

9. reprendre le travail : ....

10. s'arrêter : ....

11. rentrer : ....

12. aller chercher les enfants : ....

13. préparer le dîner : ....

14. dîner : ....

15. faire la vaisselle : ....

16. regarder la télévision : ....

17. prendre une douche : ....

18. se coucher : ....

2 À quelle heure faites-vous tout cela ? Reliez chaque phrase au dessin correspondant :

A

B

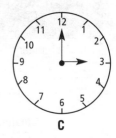

C

D

E

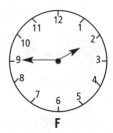

F

À sept heures et demie.	......
À huit heures et quart.	......
À midi.	......
À deux heures moins le quart.	......
À quinze heures.	......
À minuit.	......

3 Chez vous, qui fait cela ?
- La vaisselle ?
- Le ménage ?
- Les courses ?
- Le repassage ?

C'est .... qui ....

PARLER DE SA VILLE

Un bon monologue suivi doit être complet mais aussi structuré. Pour cela, vous suivrez un plan qui alterne les points positifs et les points négatifs, où vous articulez les informations les unes aux autres.

Exemples :

Je me situe dans la ville :
J'habite à ...., dans le quartier de ....,
dans un appartement/une maison/une villa/un duplex/une case, avec ma famille (ma femme/ mon mari, mes enfants, mes parents, mon frère, ma sœur...).

Je situe ma ville dans mon pays :
Ma ville se situe dans le nord/le sud/l'ouest/l'est/au centre de mon pays...

Je décris ma ville :
C'est une jolie ville. Elle est ancienne/moderne/traditionnelle/très grande/calme/vivante...

Je décris les lieux que je préfère :
Mon quartier préféré, c'est .... C'est un beau quartier parce que/car on y trouve/on y voit .... J'adore aller manger/boire un verre/marcher dans la rue.

Je donne des conseils :
Je vous recommande de visiter le musée/la cathédrale/la mosquée/le palais...
Mais il faut faire attention à .... (*prix, climat, sécurité...*).

❶ À vous !

Décrivez le village que vous préférez. Vous pouvez utiliser les mots suivants :
- Un village typique, joli, petit, calme, authentique, dynamique, moderne, traditionnel, rural.
- Un site exceptionnel, historique, protégé, naturel.
- Des habitants chaleureux, cordiaux, accueillants, sympathiques...
- Une gastronomie régionale, délicieuse, généreuse.

Exemple :
L'office de tourisme de Hourtin, petit village du Sud-Ouest de la France présente le village de la façon suivante :

HOURTIN offre une diversité de paysages et d'activités pour le bien-être de tous.
Ce petit village de mille habitants au début du siècle dernier s'est développé avec harmonie.

Commune de 3 252 habitants HOURTIN se situe au cœur du **Médoc** entre la **forêt**, le plus grand lac naturel de France et l'océan Atlantique.
Lieu de villégiature et de résidence, cette station bénéficie d'un environnement exceptionnel, de calme, de nature et de qualité de vie.
Hourtin station de l'enfance labellisée « **Station Kid** » où les enfants sont « rois ».
L'espace ne manque pas à Hourtin pour accueillir les passionnés de nature, de sports et de vie au grand air.

POUR VOUS ENTRAÎNER

PARLER DE QUELQU'UN

1 Pendant l'examen, vous pourrez peut-être choisir de qui vous allez parler, mais pour vous entraîner, vous parlerez de cette personne !

boîte à outils

> **Pour __articuler__ un récit :** et, ensuite, par ailleurs, et puis, sans oublier, car, parce que, enfin, pour finir

---

SE PRÉPARER À L'EXERCICE EN INTERACTION (étape 3)

JOUER UN RÔLE DANS UNE SITUATION DONNÉE : LE DIALOGUE SIMULÉ

> *Les situations proposées sont toujours des situations de la vie courante où vous devez démontrer votre capacité à vous débrouiller.*

1

Se déplacer

Vous êtes dans une agence de voyage. Vous voulez vous rendre à Paris et vous réservez votre voyage. L'examinateur joue le rôle du fonctionnaire de l'agence.

Entraînez-vous en complétant le dialogue suivant :

– Bonjour. Je peux vous aider ?
– Oui, je voudrais me rendre à Paris la semaine prochaine.

– En train ou en .... ?
– En train.

– .... ?
– Nous serons deux, ma fille et moi.

– .... ?
– Treize ans.
– Alors, c'est demi-tarif. Vous avez une carte de réduction ?

– .... ?
– Bien sûr. Vous devez remplir ce formulaire et si vous faites plus de trois voyages par an, le quatrième est à demi-tarif.

– .... Donnez-moi le formulaire et trouvez-nous deux places pour vendredi prochain, s'il vous plaît.

– .... ?
– Entre 9 h 00 et 11 h 00 du matin.
– Voilà. Deux places dans le train de 10 h 22.

– .... ?
– Cent trente-cinq euros. Comment réglez-vous ?

– ....

2 Un touriste français vous aborde. Il veut se rendre au musée le plus important de votre ville et vous lui indiquez le chemin. L'examinateur(trice) joue le rôle du/de la touriste.

boîte à outils

Pour indiquer un chemin :	Prenez la première/deuxième à droite/gauche.
	Tournez… Allez tout droit. Allez jusqu'à…
	Descendez la rue/l'avenue… Au feu, vous prenez à…

Entraînez-vous en imaginant les indications que vous donnez au touriste en fonction des indications suivantes :

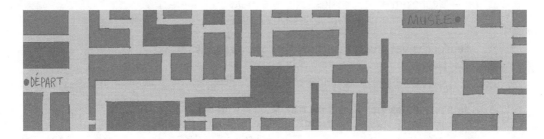

Cet exercice peut aussi vous être proposé comme exercice de coopération.

Se loger

1 Vous n'êtes pas content de votre chambre d'hôtel. Vous allez vous plaindre à la réception. L'examinateur(trice) joue le rôle du/de la réceptionniste.

Remettez en ordre le dialogue entre le réceptionniste et vous :

C. – Combien ?

A. – Oui. Je ne suis pas du tout content.

B. – Pouvez-vous me donner une autre chambre, côté jardin ?

D. – Ma chambre est très bruyante. Je ne peux pas dormir.

E. – D'accord, j'accepte. Merci beaucoup.

F. – Oui, monsieur, mais c'est un peu plus cher.

G. – Bonsoir, monsieur. Je peux vous aider ?

H. – Vous dormez la fenêtre ouverte ?

I. – Vingt euros de plus.

J. – Mais monsieur, avec la fenêtre ouverte c'est normal. Vous entendez les voitures dans la rue.

K. – Que se passe-t-il ?

L. – Je suis obligé, il fait très chaud.

POUR VOUS ENTRAÎNER

Changer de l'argent

Vous venez d'arriver à Paris et voulez changer de l'argent pour avoir des euros.
Vous allez dans un bureau de change.

Que répondez-vous au fonctionnaire?

1. – **Bonjour. Que désirez-vous?**
   □ – Salut. Je veux des euros, s'il te plaît.
   □ – Bonjour, je voudrais des euros, s'il vous plaît.

2. – **Combien?**
   □ – Quel est le taux de change avec…?
   □ – Combien ça coûte?

3. – **Un euro pour trente-sept…**
   □ – Donnez-m'en deux kilos, s'il vous plaît.
   □ – Donnez-m'en deux mille, s'il vous plaît.

4. – **Je n'ai que des grosses coupures de cent, ça vous va?**
   □ – Hein?
   □ – Excusez-moi, je ne comprends pas. Qu'est-ce que vous avez dit?

5. – **Je n'ai que des gros billets de 100. Vous les prenez?**
   □ – Je n'en ai pas.
   □ – Oui, d'accord.

Acheter un billet de train

À la gare. Vous voulez acheter des billets de train pour plusieurs personnes. Vous avez décidé de partir le 1er juillet.
– Vous donnerez au vendeur de billets toutes les précisions nécessaires: date, nombre de passagers, classe, wagon fumeur ou non.

> *Apprenez à bien lire la consigne.*

– Vous choisirez l'heure de départ en fonction des horaires proposés.
– Vous demanderez le prix. (L'examinateur joue le rôle du vendeur de billets.)
Vous montrerez que vous connaissez les règles de politesse pour saluer, demander, remercier, prendre congé.

1. **Où se déroule cette scène?**
   □ Dans une banque.   □ Dans une agence de change.   □ Dans une gare.

2. **Combien de billets devez-vous acheter?**
   □ Un.   □ Deux.   □ Au moins deux.

3. **On est le premier juillet.**
   □ VRAI   □ FAUX   □ On ne sait pas.

> *Avez-vous bien lu cette consigne?*
> *Vous montrerez que vous connaissez les règles de politesse pour saluer, demander, remercier, prendre congé.*

Exemple:
Bonjour, je voudrais trois billets pour Marseille, s'il vous plaît. Nous voulons partir le 1er juillet vers onze heures. En deuxième classe et non-fumeur si possible, merci. Combien ça fait, s'il vous plaît? Je vais vous payer avec une carte de crédit.

COOPÉRER AVEC L'EXAMINATEUR DANS UNE SITUATION DONNÉE

1 Il y a deux dessins incomplets qui représentent une même situation.
Vous allez décrire à l'examinateur le dessin A.
L'examinateur va ensuite vous décrire le dessin qu'il a (dessin B). Vous devrez compléter votre dessin selon ses indications.

dessin A

dessin B

2 Vous devez mettre au point avec un ami l'organisation d'un voyage de groupe.
Vous le préparez. L'examinateur joue le rôle de l'ami.
Cette liste peut vous y aider : choix de la destination et de la date, transport, tarifs,
information des amis…

Destinations possibles :

3 Au téléphone. Vous devez prendre rendez-vous avec un ami pour aller au cinéma.
Vous convenez du jour, de l'heure, du lieu et bien sûr du film que vous allez voir.
L'examinateur joue le rôle de votre ami.

> ⚠ *Pour mieux simuler la scène, l'examinateur peut vous demander de vous*
> *mettre dos à dos avec lui : au téléphone, on ne peut pas se voir !*

> *Avant de partir,*
> *n'oubliez pas de prendre congé*
> *de l'examinateur !*

AUTO-ÉVALUATION

Étape 2 : le monologue suivi, s'exprimer oralement en continu.

	oui	pas toujours	pas encore
Je peux me décrire ainsi que ma famille ou d'autres personnes.	☐	☐	☐
Je peux décrire de façon précise où j'habite en donnant les détails utiles.	☐	☐	☐
Je peux décrire mes habitudes.	☐	☐	☐
Je peux décrire ma formation, mon école ou mon travail.	☐	☐	☐
Je peux expliquer pourquoi j'aime ou je n'aime pas quelque chose.	☐	☐	☐
Je peux décrire ce que j'ai l'intention de faire et dans quel but.	☐	☐	☐
Je peux laisser un message téléphonique que j'ai préparé.	☐	☐	☐
Je peux comparer des personnes, des objets ou des situations.	☐	☐	☐
Je peux raconter ce qui m'est arrivé.	☐	☐	☐
Je peux faire un bref exposé quand j'ai pu me préparer et quand les auditeurs connaissent le thème.	☐	☐	☐

AUTO-ÉVALUATION

Étape 3 : prendre part à une conversation, l'interaction.
Pour prendre part à une conversation, je peux communiquer dans une situation simple et habituelle à laquelle j'ai été préparé(e), ne comportant qu'un échange d'informations simple et direct, et sur des activités et des sujets familiers.

	oui	pas toujours	pas encore
Je peux obtenir des renseignements simples pour un voyage.	☐	☐	☐
Je peux demander un chemin ou indiquer avec une carte ou un plan.	☐	☐	☐
Je peux demander des nouvelles de quelqu'un et manifester ma surprise, ma joie ou ma tristesse si j'apprends quelque chose de nouveau.	☐	☐	☐
Je peux discuter avec quelqu'un de ce que l'on va faire et où on va aller.	☐	☐	☐
Je peux convenir de l'heure et du lieu d'un rendez-vous.	☐	☐	☐
Je peux aborder quelqu'un de façon polie.	☐	☐	☐
Je peux commander quelque chose à boire ou à manger.	☐	☐	☐
Je peux faire des achats simples, dire ce que je cherche et en demander le prix.	☐	☐	☐
Je peux m'excuser ou accepter des excuses.	☐	☐	☐
Au téléphone, je peux demander à mon interlocuteur d'attendre sans raccrocher.	☐	☐	☐
Je peux dire si je suis d'accord avec quelque chose.	☐	☐	☐
Je peux poser des questions à quelqu'un sur son travail et son temps libre. Je peux répondre au même type de questions.	☐	☐	☐
Je peux indiquer quand je comprends ou ne comprends pas. Je peux, si je ne comprends pas, demander de répéter en termes simples.	☐	☐	☐

SUJET D'EXAMEN DELF A2
Partie 1
COMPRÉHENSION DE L'ORAL
25 points

Vous allez entendre 3 enregistrements, correspondant à 3 documents différents.
Pour chaque document, vous aurez :
– **30 secondes pour lire les questions ;**
– **une première écoute, puis 30 secondes de pause pour commencer à répondre aux questions ;**
– **une deuxième écoute, puis 30 secondes de pause pour compléter vos réponses.**
Répondez aux questions en cochant (☒) la bonne réponse, ou en écrivant l'information demandée.

EXERCICE 1   *5 points*

➡ **Première partie de l'enregistrement :**

1. **Vous téléphonez au théâtre Molière et vous entendez le message suivant sur le répondeur. Sur quelle touche appuyez-vous pour réserver des places ?** *1 point*

Touche n° ....

➡ **Deuxième partie de l'enregistrement :**

2. **Le week-end, vous pouvez réserver pour l'après-midi ou en soirée.**   *2 points*
   ☐ VRAI   ☐ FAUX   ☐ *On ne sait pas.*

3. **Les billets les moins chers sont à :**   *2 points*
   ☐ quinze euros.   ☐ vingt euros.   ☐ trente euros.

EXERCICE 2   *8 points*

Répondez aux questions en cochant (☒) la bonne réponse.

1. **Vous venez d'entendre :** ☐ un message sur un répondeur téléphonique.
   ☐ un flash d'information à la radio.
   ☐ une publicité à la radio.

2. **Le thème principal de ce document est :**

A   B   C

   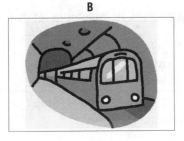   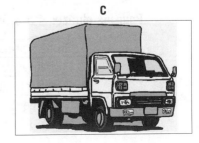

3. Le prix du litre de super sera: ☐ 1,20 €. ☐ 1,30 €. ☐ 1,50 €. ☐ 2,30 €.

4. Le prix du litre de diesel sera: ☐ 0,80 €. ☐ 0,90 €. ☐ 1,50 €. ☐ 2 €.

► **EXERCICE 3** *12 points*

Vrai, faux, on ne sait pas? Cochez la case correspondante.

	VRAI	FAUX	*On ne sait pas*
1. La conversation a déjà commencé.			
2. Monsieur Leblanc a fait une erreur dans sa commande.			
3. Monsieur Leblanc veut une machine à laver de 5 kilos.			
4. Monsieur Leblanc vend aussi des machines séchantes.			
5. Le magasin de monsieur Leblanc est à Paris.			
6. La nouvelle machine va arriver avant un mois.			

Partie 2
COMPRÉHENSION DES ÉCRITS

25 points

► **EXERCICE 1** *5 points*

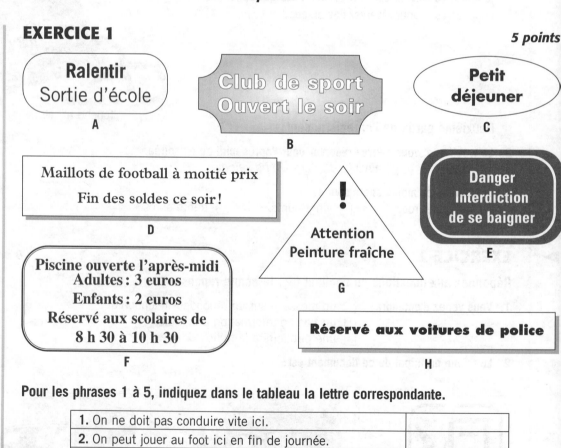

Ralentir
Sortie d'école

A

**Club de sport
Ouvert le soir**

B

**Petit
déjeuner**

C

Maillots de football à moitié prix

Fin des soldes ce soir !

D

!
Attention
Peinture fraîche

G

**Danger
Interdiction
de se baigner**

E

Piscine ouverte l'après-midi
Adultes : 3 euros
Enfants : 2 euros
Réservé aux scolaires de
8 h 30 à 10 h 30

F

Réservé aux voitures de police

H

Pour les phrases 1 à 5, indiquez dans le tableau la lettre correspondante.

1. On ne doit pas conduire vite ici.	
2. On peut jouer au foot ici en fin de journée.	
3. Il faut acheter aujourd'hui. C'est moins cher.	
4. On ne peut pas venir nager en famille tôt le matin.	
5. On ne peut pas stationner ici.	

EXERCICE 2

6 points

Lisez chaque titre et inscrivez le chiffre qui lui correspond dans la rubrique appropriée : politique, culture, société, sciences, sports, économie.

1. Le chef du gouvernement appelle à des élections anticipées
2. Avec 5 732 personnes tuées, la mortalité sur les routes françaises a diminué de 21 % en 2003
3. Les exportations de cacao ont doublé par rapport à l'année dernière
4. La Méditerranée envahie par une nouvelle algue tropicale
5. La gratuité fait recette dans les musées de Paris
6. Marseille en tête du championnat de France

Politique	Culture	Société	Sciences	Sports	Économie

EXERCICE 3

9 points

Lisez le texte puis répondez aux questions.

À Visan, les touristes vont à la ferme

Pas un villageois n'y échappe. *La ferme* de TF1, est aujourd'hui le principal sujet de discussion à Visan (Vaucluse), du salon de coiffure à la boulangerie. C'est dans ce village de 1 638 habitants que sont implantés[1] les locaux de la nouvelle émission de téléréalité. Une vingtaine de célébrités sont enfermées dans une ferme pour y travailler.

Au village, il y a les pour et les contre. Mais les enthousiastes sont les plus nombreux. Au café, le patron allume la télé à l'heure de l'émission : «Les clients la regardent, chacun y va de son commentaire. Souvent, des passants nous demandent où est située la ferme.» Des passants parfois envahissants[2] : 400 voitures ont débarqué le lundi de Pâques. «Je n'avais jamais vu autant de monde à Visan», confie Claude, agriculteur.

Certains bénéficient déjà de retombées économiques, comme Géraldine, la boulangère : «On fournit de 30 à 80 baguettes par jour à la production, c'est rentable.» Théo, de la cave de Visan, livre à la ferme entre 50 et 60 bouteilles tous les dix jours : «Nous sommes dans une région viticole. Si seulement 10 % des téléspectateurs retiennent que les célébrités boivent du vin de chez nous, on aura réussi.» D'autres sont plus critiques. Raphaël, aide-soignant, espérait «que *La ferme* donnerait une meilleure image de Visan. Mais les journalistes nous snobent[3] et nous étiquettent "paysans". Vivement que tout soit fini, que le village redevienne ce qu'il était.» Il ne reste donc plus qu'à attendre. Attendre de retrouver la tranquillité pour certains, attendre les retombées[4] financières pour d'autres.

20 Minutes, jeudi 29 avril 2004.

1. implantés : installés.
2. envahissants : trop nombreux.
3. snober : se sentir supérieur à quelqu'un.
4. retombées : impact, conséquences.

Cochez (⊠) la bonne réponse.

1. **Ce texte vient :** *0,5 point*
   ☐ d'un journal.   ☐ d'une brochure touristique.   ☐ d'un livre.

2. **Les touristes sont attirés à Visan par :** *1 point*
   ☐ son architecture.   ☐ ses produits fermiers.   ☐ une émission de télévision.

Cochez la colonne *vrai* ou *faux*. Justifiez votre réponse en citant une phrase ou une expression du texte.

7,5 points

	VRAI	FAUX
1. *La ferme* est un documentaire sur la vie des paysans. *Justification:*		
2. Visan n'a jamais eu autant de visiteurs. *Justification:*		
3. Les habitants de Visan sont tous contents de la présence de TF1. *Justification:*		
4. La boulangère est heureuse de vendre davantage de pain. *Justification:*		
5. Les journalistes contribuent à donner une bonne image de Visan. *Justification:*		

► **EXERCICE 4**

5 points

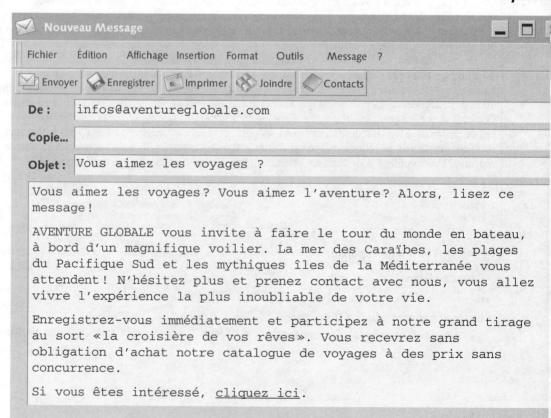

> **Nouveau Message**
>
> Fichier   Édition   Affichage   Insertion   Format   Outils   Message   ?
>
> Envoyer   Enregistrer   Imprimer   Joindre   Contacts
>
> **De :** infos@aventureglobale.com
>
> **Copie...**
>
> **Objet :** Vous aimez les voyages ?
>
> Vous aimez les voyages ? Vous aimez l'aventure ? Alors, lisez ce message !
>
> AVENTURE GLOBALE vous invite à faire le tour du monde en bateau, à bord d'un magnifique voilier. La mer des Caraïbes, les plages du Pacifique Sud et les mythiques îles de la Méditerranée vous attendent ! N'hésitez plus et prenez contact avec nous, vous allez vivre l'expérience la plus inoubliable de votre vie.
>
> Enregistrez-vous immédiatement et participez à notre grand tirage au sort «la croisière de vos rêves». Vous recevrez sans obligation d'achat notre catalogue de voyages à des prix sans concurrence.
>
> Si vous êtes intéressé, <u>cliquez ici</u>.

Vous venez de recevoir ce message sur votre ordinateur. Répondez aux questions.

1. Il s'agit: *1 point*
   ☐ d'un message publicitaire.   ☐ d'une lettre amicale.   ☐ d'un article de presse.

2. *Aventure Globale* est le nom: *1 point*
   ☐ d'un film.   ☐ d'un bateau.   ☐ d'une agence de voyages.

3. Si vous cliquez à l'emplacement indiqué, que va-t-on vous envoyer?   *1,5 point*

....

4. On peut gagner un voyage gratuit: *1,5 point*
   ☐ VRAI   ☐ FAUX

Justifiez votre réponse en citant une phrase du texte:

....

....

Partie 3
PRODUCTION ÉCRITE
25 points

► ## EXERCICE 1
13 points

Vous avez fait un voyage d'une semaine à Paris. Vous racontez dans votre journal personnel ce que vous avez fait, jour après jour. Vous parlez de vos impressions sur la vie à Paris. Écrivez un texte de 60 à 80 mots.

Château de Versailles

La Seine

Cathédrale de Paris

Avion

....
....
....
....
....
....
....
....
....
....

► **EXERCICE 2** *12 points*

Vous avez reçu cette lettre.

Vous répondez à Philippe :
vous le remerciez mais
vous ne pouvez pas
accepter son invitation ;
vous expliquez pourquoi
et vous lui proposez autre
chose.
(60 à 80 mots)

> *Paris, le 6 mai 2004*
>
> *Salut,*
>
> *Les vacances approchent et j'aimerais bien te voir !*
> *Je sais que tu ne connais pas Paris alors je te propose de venir*
> *passer quelques jours chez moi. Visite des musées, tour Eiffel,*
> *théâtres, cinés, bons restaurants...*
>
> *Réponds-moi vite et fais ta réservation pour venir.*
>
> *Si tu veux tu peux aussi m'appeler ; je suis chez moi vers 20 h 30.*
>
> *Je t'embrasse,*
>
> *Philippe*

....
....
....
....
....
....
....
....
....
....

Partie 4
PRODUCTION ORALE

25 points

L'épreuve se déroule en trois parties : un entretien dirigé, un monologue suivi et un exercice
en interaction. Elle dure de 6 à 8 minutes. Vous disposez de 10 minutes de préparation pour
les parties 2 et 3.

► **ENTRETIEN DIRIGÉ** *(1 minute 30 environ)*

Vous vous présentez en parlant de votre famille, votre profession, vos goûts... L'examinateur vous
pose des questions complémentaires sur ces mêmes sujets.

► **MONOLOGUE SUIVI** *(2 minutes environ)*

Vous répondez aux questions de l'examinateur. Ces questions portent sur vous, vos habitudes,
vos activités, vos goûts...

► **EXERCICE EN INTERACTION** *(3 ou 5 minutes environ)*

Vous devez simuler un dialogue avec l'examinateur afin de résoudre une situation de la vie
quotidienne.
Vous montrez que vous êtes capable de saluer et d'utiliser des règles de politesse.

DELF A2
GRILLE D'ÉVALUATION – PRODUCTION ÉCRITE

► **EXERCICE 1**   *13 points*

Respect de la consigne Peut mettre en adéquation sa production avec la situation proposée. Peut respecter la consigne de longueur minimale indiquée.	0	0,5	1						
Capacité à raconter et à décrire Peut décrire de manière simple des aspects quotidiens de son environnement (gens, choses, lieux) et des événements, des activités passées, des expériences personnelles.	0	0,5	1	1,5	2	2,5	3	3,5	4
Capacité à donner ses impressions Peut communiquer sommairement ses impressions, expliquer pourquoi une chose plaît ou déplaît.	0	0,5	1	1,5	2				
Lexique/orthographe lexicale Peut utiliser un répertoire élémentaire de mots et d'expressions relatifs à la situation proposée. Peut écrire avec une relative exactitude phonétique mais pas forcément orthographique.	0	0,5	1	1,5	2				
Morphosyntaxe/orthographe grammaticale Peut utiliser des structures et des formes grammaticales simples relatives à la situation donnée mais commet encore systématiquement des erreurs élémentaires.	0	0,5	1	1,5	2	2,5			
Cohérence et cohésion Peut produire un texte simple et cohérent. Peut relier des énoncés avec les articulations les plus fréquentes.	0	0,5	1	1,5					

► **EXERCICE 2**   *12 points*

Respect de la consigne Peut mettre en adéquation sa production avec la situation proposée. Peut respecter la consigne de longueur minimale indiquée.	0	0,5	1						
Correction sociolinguistique Peut utiliser les registres de langue en adéquation avec le destinataire et le contexte. Peut utiliser les formes courantes de l'accueil et de la prise de congé.	0	0,5	1						
Capacité à interagir Peut écrire une lettre personnelle simple pour exprimer remerciements, excuses, propositions, etc.	0	0,5	1	1,5	2	2,5	3	3,5	4
Lexique/orthographe lexicale Peut utiliser un répertoire élémentaire de mots et d'expressions relatifs à la situation proposée. Peut écrire avec une relative exactitude phonétique mais pas forcément orthographique.	0	0,5	1	1,5	2				
Morphosyntaxe/orthographe grammaticale Peut utiliser des structures et des formes grammaticales simples relatives à la situation donnée mais commet encore systématiquement des erreurs élémentaires.	0	0,5	1	1,5	2	2,5			
Cohérence et cohésion Peut produire un texte simple et cohérent. Peut relier des énoncés avec les articulations les plus fréquentes.	0	0,5	1	1,5					

GRILLE D'ÉVALUATION – PRODUCTION ORALE

▶ 1ʳᵉ partie

Peut établir un contact social, se présenter et décrire son environnement familier.	0	0,5	1	1,5	2	2,5	3
Peut répondre et réagir à des questions simples.	0	0,5	1				

▶ 2ᵉ partie

Peut faire une description brève d'un événement, d'une activité, d'un projet ou de son environnement quotidien.	0	0,5	1	1,5	2	2,5	3
Peut utiliser des articulations fréquentes pour relier des énoncés.	0	0,5	1	1,5	2		

▶ 3ᵉ partie

Peut obtenir biens, services et informations d'usage quotidien, demander des directives et en donner et discuter de ce que l'on fera ensuite.	0	0,5	1	1,5	2	2,5	3
Peut gérer un échange courant.	0	0,5	1	1,5	2	2,5	3

▶ Pour l'ensemble des trois parties de l'épreuve

Lexique (étendue et maîtrise) Peut utiliser un répertoire suffisant pour satisfaire les besoins communicatifs élémentaires.	0	0,5	1	1,5	2	2,5	3		
Morphosyntaxe Peut utiliser des structures et des formes grammaticales simples relatives à la situation donnée mais commet encore systématiquement des erreurs élémentaires.	0	0,5	1	1,5	2	2,5	3	3,5	4
Phonétique, prosodie, fluidité Peut prononcer de façon suffisamment claire pour être compris.	0	0,5	1	1,5	2	2,5	3		

TRANSCRIPTIONS

COMPRENDRE DES ANNONCES ET DES INSTRUCTIONS, p. 12

1. Pour écouter ses messages, p. 12

Vous avez 1 message et un correspondant a cherché à vous joindre… Message du 06 73 51 37 51, reçu aujourd'hui à 10 h 40… Vous avez reçu un appel sans message du 02 55 28 45 19… Pour écouter vos messages archivés, tapez 1. Pour modifier votre annonce, tapez 2. Pour gérer vos options personnelles, tapez 3. Enfin, pour obtenir plus d'informations sur votre répondeur, tapez 0.

2. Pour aller au théâtre, p. 12

Théâtre du Capitole, bonjour. Le service de location téléphonique est ouvert du lundi au samedi de 11 h à 18 h 30 au 05 21 67 23 83. Dans la grande salle, *Dom Juan* de Molière. Il ne reste plus de place disponible pour ce spectacle. Dans la petite salle, *La Musica* de Marguerite Duras, du 20 septembre au 20 octobre. La location pour ce spectacle est ouverte pour toutes les représentations. Nous vous remercions de votre appel et à très bientôt.

3. Pour aller au cinéma, p. 13

Les cinémas Gaumont et Pathé vous souhaitent la bienvenue sur leur ligne d'information et vous proposent de découvrir les programmes de la semaine et de réserver vos places par téléphone. Ce service vous sera facturé 0,34 centime d'euro la minute. Pour connaître la liste des films actuellement à l'affiche, tapez 1. Pour obtenir la liste des cinémas dans lesquels vous pouvez réserver par téléphone, tapez 2. Pour tout savoir sur les films qui seront prochainement dans nos salles, tapez 3. Pour réserver vos places par téléphone, tapez 4. À tout moment : vous pouvez revenir au début de l'annonce tapez 0. C'est à vous.

4. Pour prendre un rendez-vous, p. 13

Bonjour. Vous êtes en communication avec le répondeur téléphonique du Cabinet Santé. Le cabinet est ouvert du lundi au vendredi de 9 h 30 à 18 h 30 et le samedi de 9 h à 12 h. En cas d'urgence, vous pouvez joindre le Dr Masset au 02 28 18 63 29. Merci de votre appel. Au revoir.

5. Dans un salon, p. 13

Il est actuellement 18 h 30. Nous vous informons que le salon de la Mer fermera ses portes à 19 h. Nous vous invitons à regagner lentement la sortie. Nous vous rappelons que le salon est ouvert au public du 10 au 13 février de 10 h à 19 h. Vous pouvez également visiter le salon de la Plongée sous-marine dans le hall 4 du Parc des expositions.

6. En faisant les courses, p. 14

Vous aimez le fromage ? Profitez aujourd'hui de nos promotions au rayon crémerie. Vous y trouverez un grand choix de fromages à la coupe. Le brie à 6,50 € le kilo, le reblochon à 7 €, le roquefort à 12,30 € et le gruyère à 9,80 €. La super-promo du jour, c'est la bûche de chèvre à 5,20 €. Alors, mangez du fromage !

7. Dans une gare, p. 14

Un sac de voyage noir a été trouvé dans le hall de la gare devant le kiosque à journaux. Nous invitons son propriétaire à venir le récupérer immédiatement au bureau des objets trouvés qui se trouve à gauche de la pharmacie. Pour des raisons de sécurité, ce bagage sera détruit dans quelques minutes par les services de police.

8. Dans un aéroport, p. 14

1. Les passagers du vol 488 à destination de Tokyo sont invités à se présenter pour un embarquement immédiat en porte B.
2. Le vol 522 à destination de Madrid est prévu à 12 h 10 en porte C dans le hall 2.
3. Les passagers du vol 546 pour Londres sont priés de patienter en salle d'embarquement située porte E. En raison des chutes de neige, nous prévoyons un retard de 30 minutes. Nous vous remercions de votre compréhension.
4. M. et Mme Bernal, passagers du vol 446 à destination de New York, sont attendus en porte A pour un embarquement immédiat.
5. Mme, M., nous vous informons qu'en raison d'un incident technique le vol à destination de Casablanca prévu à 13 h 10 partira du terminal 2. Nous vous demandons de bien vouloir accepter nos excuses.

9. Dans un supermarché, p. 15

1. Nous informons notre aimable clientèle que le magasin fermera ses portes dans dix minutes. Nous vous invitons à vous diriger vers les caisses pour régler vos achats.
2. Chers clients, il vous reste seulement quelques minutes pour profiter de notre offre spéciale sur les gâteaux individuels : deux gâteaux achetés, le troisième offert !
3. Aujourd'hui nous offrons à tous nos clients la carte « Superplus » qui donne droit à des bons de réduction et des cadeaux ! Venez vite la chercher à l'accueil du magasin. Nous vous la donnerons immédiatement, elle est gratuite.
4. Mme, M., vous n'avez pas d'idées pour vos repas du week-end ? Venez vite retrouver notre boucher. Il vous proposera une viande de qualité et des idées de recettes pour faire plaisir à toute votre famille.
5. Jour exceptionnel, événement exceptionnel, aujourd'hui votre magasin fête son anniversaire. Rendez-vous au centre du magasin pour participer à notre grand jeu et gagner un voyage au soleil !

COMPRENDRE UNE CONVERSATION, p. 15

1. Aller au restaurant, p. 15

— Vous avez choisi ? Je peux prendre la commande ?
— Heu… oui, enfin, presque… J'hésite entre la salade du pêcheur et la salade de chèvre chaud.
— Je vous recommande la salade du pêcheur, il y a des crevettes et des fruits exotiques. C'est très frais !
— Hum ! Ça doit être bon. D'accord pour la salade du pêcheur. Et toi, Paul, qu'est-ce que tu prends ?
— Pour moi, pas d'entrée. Des côtes d'agneau avec des tomates à la provençale, c'est de saison.
— Quelle cuisson, l'agneau ?
— Pas trop cuit, s'il vous plaît.
— Et pour vous, madame ?
— Oh ! juste la salade… Après je prendrai un dessert… J'ai vu qu'il y a de la tarte au citron. J'adore !
— Tu ne changes pas, toujours aussi gourmande ! Tu prendras un peu de vin ?
— Oh ! non, de l'eau. Je ne bois jamais de vin.

2. Entre amis, p. 16

— Tiens, Mathieu ! Qu'est-ce que tu fais là ? Tu habites dans le quartier ?
— Oui, depuis une semaine. Avec Sophie on a trouvé un super appartement tout près d'ici, rue des Abbesses. Un trois-pièces avec

n grand salon, une chambre, et surtout un atelier pour Sophie. Tu sais qu'elle peint… Alors, maintenant elle a une pièce pour elle, très claire et qui donne sur un petit jardin. C'est agréable, tout ce qu'il faut pour peindre ! Et, en plus, elle peut mettre tout le désordre qu'elle veut…
– Mais c'est tout près de chez moi ! Quand est-ce que tu me le montres ? Et puis, j'aimerais bien voir ce que peint Sophie.
– Bientôt. On fait quelques travaux. On va repeindre le salon. Je t'appellerai…

3. Pour suivre un itinéraire, p. 16
– Bon, c'est d'accord, Lucas, on vous attend ce week-end. C'est Ingrid qui va être contente !
– Allô… attends, ne raccroche pas, Philippe… Tu dois m'expliquer comment arriver jusqu'à votre maison de campagne…
– Ah, oui ! c'est vrai, tu ne connais pas. Alors, tu prends l'autoroute jusqu'à Cavaillon. Là, tu sors et tu prends la route nationale 7 en direction d'Avignon.
– Ce n'est pas plus simple de sortir à Avignon ?
– Surtout pas ! Avant Avignon, tu prends la direction d'Apt sur la route départementale 22. 27 km après tu arrives à Gordes. Après le village, tu tournes à droite. La maison est juste après l'hôtel La Bastide. Tu verras, c'est une maison en pierre, tu ne peux pas te tromper.
– C'est bien compliqué ! Bon, si je me perds, on t'appelle depuis le portable, tu nous guideras. À samedi !

4. Pour se déplacer en ville, p. 17
1. J'habite à Paris mais je travaille à Levallois. En voiture, c'est compliqué et je mets trop de temps. Alors, je prends le métro. Depuis chez moi, c'est direct.
2. J'ai de la chance. Je suis à 15 minutes de l'Alliance Française où je donne des cours de français aux étrangers. J'y vais à vélo. C'est plus rapide que la voiture.
3. Quand on habite en banlieue, c'est compliqué d'aller travailler à Paris. D'abord je prends le train et après le métro. Je passe une heure dans les transports. Alors, je lis.
4. Les transports en commun, je déteste ça ! Je préfère la voiture, même si je dois partir très tôt le matin pour éviter les embouteillages. En moyenne, il me faut 45 minutes pour arriver.

5. Pour faire ses courses, p. 17
– Bonjour, mademoiselle… Qu'est-ce que je vous sers aujourd'hui ?
– Bonjour ! Je voudrais des tomates, s'il vous plaît. Elles sont à combien ?
– 3,95 le kilo.
– Ah ! elles sont chères…
– Eh oui… c'est pas la saison, vous voulez des tomates en hiver ! Faut manger des pommes de terre, des carottes, des légumes d'hiver ! Alors, ces tomates, combien je vous en mets… deux kilos ?
– Oh non, un kilo ça suffit.
– Il vous faut autre chose ?
– Oui, des fruits : trois bananes et des pommes, un kilo. Ça fait combien tout ça ?
– Voilà… les bananes, ça fait 1,30 € et les pommes, 2,40 €. Et vous ne voulez pas de la mâche ?
– Qu'est-ce que c'est la mâche ?
– Regardez, c'est de la salade. Avec un bon fromage, c'est délicieux… et en plus, elle est en promotion aujourd'hui ! 50 centimes d'euro les 100 g.
– D'accord, je vais en prendre 200 g pour essayer. Je vous dois combien pour tout ça ?
– 8,65 € mais pour vous, ça fera 8,50 €.

6. Pour trouver du travail, p. 18
– Bonjour, M. Benson, entrez et asseyez-vous. Alors… vous êtes intéressé par le poste d'assistant de laboratoire…
– Oui, je suis étudiant à la fac, j'ai beaucoup de temps libre et je voudrais avoir plus d'expérience.
– Très bien, voyons votre CV. Donc… vous avez 26 ans, vous êtes canadien et vous êtes à Paris pour faire un master de biologie. Je suppose que vous connaissez bien le vocabulaire spécialisé de la biologie en français.
– Oui, le vocabulaire technique est le même.
– Vous avez raison. Vous savez que vous devrez faire des manipulations au laboratoire.
– Oui, j'ai déjà fait un stage à Madrid de deux mois en laboratoire l'année dernière.
– Votre candidature m'intéresse, nous allons faire un essai. En plus, nous avons besoin de quelqu'un qui parle parfaitement l'anglais et l'espagnol. Vous êtes disponible à partir de quand ?
– Si vous voulez, je peux commencer demain matin !

7. Pour prendre un rendez-vous, p. 18
– Cabinet du docteur Leroy, bonjour !
– Bonjour, Mme. Est-ce que M. Leroy est là ce matin ? Je voudrais le voir tout de suite parce j'ai très mal aux dents.
– Je suis désolée, M. Leroy reçoit seulement l'après-midi, de 14 h à 19 h. Le matin, il travaille à l'hôpital. Il peut vous prendre cet après-midi, si vous voulez.
– Cet après-midi ? Ça va être difficile, je travaille… en fin d'après-midi, alors.
– Je suis désolée, c'est complet après 17 h… J'ai une place à 16 h, si ça vous convient.
– Bon, je vais faire mon possible…
– Très bien, je vais prendre votre nom : vous êtes monsieur… ?
– Ledrut, l-e-d-r-u-t.
– Bien, c'est noté, M. Ledrut, cet après-midi à 16 h.
– Je vous remercie. Au revoir.

8. Pour préparer un voyage, p. 19
– Allô, bonjour ! Je vous appelle pour confirmer ma réservation pour un séjour en Espagne. La référence de mon dossier est XZ1545. J'ai fait une réservation par Internet.
– Quel est votre nom, s'il vous plaît ?
– Je suis Antoine Bartoli.
– Ah, oui ! c'est un voyage en Espagne. Vous partez le 10 février et vous revenez le 18. Vous avez choisi l'hôtel Alcatraz en demi-pension. C'est bien ça ?
– Oui, c'est ça.
– Pas de changement ?
– Non, non. Pouvez-vous m'indiquer de quel aéroport je pars ?
– Vous partez de Roissy-Charles de Gaulle le 10 février à 8 h et vous arrivez à Madrid à 9 h 55.
– Merci ! Je peux vous payer par chèque ?
– Oui, mais vous indiquez bien au dos du chèque la référence de votre dossier. Dès que j'ai votre chèque, je vous envoie les billets par la poste. Alors, vous compléterez la fiche de renseignements que vous me faxerez et je ferai votre attestation d'assurance.
– Très bien, merci beaucoup ! Au revoir !

9. Pour sortir le soir, p. 19
– Allô, Nicolas ? Pour ton anniversaire, ce soir, tu veux aller au théâtre ?
– Oui, pourquoi pas… j'aime bien le théâtre mais je préfère le cinéma. Tu as vu *Parle avec elle*, le film de Pedro Almodovar ? Il paraît qu'il est génial !

— Ah oui, c'est vrai, mais j'aimerais t'offrir une soirée plus originale. Et si on allait à l'opéra ? On joue *Le Barbier de Séville* à l'opéra Garnier.

— Bof ! je n'aime pas beaucoup ça…

— Ah, bon… Et si on allait écouter du jazz, il y a un super concert à 20 h à la cité de la Musique.

— Tu sais bien que je déteste le jazz. Moi, à part le rock… Tu sais, ce qui me ferait le plus plaisir, c'est d'aller au cinéma… et après, on pourrait aller dîner en amoureux au bord de la Seine.

— Comme tu veux, c'est ton anniversaire… Je vais appeler le cinéma pour savoir à quelle heure passe le film d'Almodovar. Je te rappelle. Je m'occupe aussi du restau…

— D'accord, on se retrouve après le travail. Ce soir, je termine à 20 h. Je t'embrasse.

COMPRENDRE DES ENREGISTREMENTS RADIOPHONIQUES, p. 20

1. Météo, p. 20
Le beau temps, c'est fini ! Demain, les nuages arriveront par l'ouest le matin et couvriront peu à peu tout le pays dans l'après-midi. Le temps sera humide et les températures resteront fraîches pour la saison. Préparez vos parapluies !

2. Transports, p. 21
France Info. Il est 21 h. À Orly Ouest c'est toujours la grève. De nombreux retards sont prévus au moins jusqu'à demain 12 h. Air France annonce 1 vol sur 2 maximum. Si vous devez prendre l'avion, renseignez-vous en appelant l'aéroport ou la compagnie aérienne.

3. Société, p. 21
Selon le bilan démographique réalisé en 2004, la France comptait 62 millions d'habitants au 1er janvier 2005. Le nombre des naissances reste élevé alors que les décès connaissent une forte baisse. L'espérance de vie est de 76 ans pour les hommes et 83 ans pour les femmes.

4. Économie, p. 21
C'est demain le dernier jour pour échanger vos pièces en francs contre des euros. Vous serez nombreux et vous n'éviterez pas les files d'attente. La Banque de France recommande de venir tôt et de préparer les pièces par type de valeur.

5. Bulletins d'information, p. 22
30 minutes par jour d'exercice physique, c'est bon pour l'équilibre.
Les étudiants descendent dans la rue pour protester contre la réforme de l'Éducation.
Le Musée international de la miniature a été inauguré à Lyon le 19 février 2005.
C'était aujourd'hui la dernière journée du championnat de France de football.
Les entreprises françaises ont présenté des résultats en progression en 2004.
En hiver, les Français préfèrent de plus en plus les destinations tropicales.

6. Sondage, p. 22
A. Je m'appelle Alice. Nous avons quatre enfants et nous allons tous les ans à la campagne. Nous faisons de grandes balades à vélo. Nous rentrons à Paris en forme.
B. Moi, je suis Didier. J'aime découvrir des pays nouveaux. On part avec des copains en moto et on traverse chaque fois un pays différent. On rencontre des gens super !
C. Je m'appelle Éva et, pour moi, les vacances c'est l'été, la chaleur, la mer. Je passe mes journées sur la plage à ne rien faire. Je reviens toute bronzée et je me sens mieux.
D. Moi, c'est Juliette. Les vacances, c'est l'occasion de visiter de belles villes, de petits villages chargés d'histoire. J'aime les musées, les châteaux, retrouver le passé dans les vieilles pierres. Avec mon mari, comme ça, on a fait le tour de France.

7. Reportage, p. 22
Plus de 70 % des Parisiennes sont contentes de vivre dans la capitale. Elles aiment aller faire leurs courses pendant l'heure du déjeuner, elles aiment lire dans le métro, elles aiment aller voir une exposition en sortant du travail. Aujourd'hui 8 mars, journée de la Femme, écoutons quelques Parisiennes qui nous parlent de ce qu'elles aiment et aussi de ce qu'elles voudraient voir changer.
A. J'aime Paris parce que je peux aller faire des courses quand je veux. Les magasins sont ouverts tard et pendant le week-end. Mais je regrette que les parcs et les jardins ferment tôt.
B. Ce qu'il faudrait changer à Paris, c'est l'accueil dans les restaurants et les cafés. Les serveurs ne sourient pas et sont parfois désagréables. C'est dommage car c'est super d'aller boire un verre entre collègues après le travail. Les cafés parisiens sont si beaux !
C. Ce que j'aime à Paris, c'est les transports en commun, avec le bus et le métro on se déplace facilement. Mais il y a trop de voitures et donc des embouteillages et de la pollution.

8. Cinéma, p. 23
Dimanche 13 mars. C'est le « Printemps du cinéma » en France, tarif unique pour tout le monde, 3,50 € la place. L'opération a été lancée cet après-midi au cinéma des Champs-Élysées et se termine mardi soir. Pour le lancement de cette opération, des acteurs français sont venus accueillir les spectateurs. Un célèbre acteur a vendu des billets à des prix exceptionnellement bas :
Je suis très heureux de participer à cette fête du cinéma. C'est un moyen pour tous de voir un film ou même plusieurs à des tarifs très intéressants. En dehors des opérations spéciales, le prix du cinéma en France reste très élevé.
Moi, j'adore le cinéma, je n'y vais pas souvent car c'est cher. Aujourd'hui je vais voir un seul film mais je vais revenir lundi et mardi. À ce prix-là, c'est très intéressant ! Il faudrait que le prix des billets soit tout le temps à ce tarif.
L'année dernière, le « Printemps du cinéma » a accueilli 2 millions et demi de spectateurs, deux fois plus qu'en temps normal. Frédéric Boulet pour France Info.

9. Culture, p. 23
Le salon du Livre se tient en ce moment même au Parc des expositions. L'occasion de parler lecture et langage. Cet après-midi, l'écrivain Alexandre Jardin était présent pour parler de son association *1 000 mots*. Cette association a pour but de développer l'apprentissage et le plaisir de la lecture chez les plus jeunes. Le principe est simple : des retraités volontaires vont dans les écoles pour lire et raconter des histoires aux plus jeunes. Les enfants adorent, ils découvrent des histoires et ont envie d'apprendre à lire pour lire eux-mêmes les livres lus. Les personnes âgées sont heureuses de partager ce moment avec les plus petits. Seul petit problème, l'association manque de bénévoles. Si vous souhaitez participer à ces activités de lecture, rendez-vous sur le site Internet de l'association *1 000 mots*.

EXEMPLE D'ÉPREUVE, p. 24

1. Dans les transports, p. 24

Nous vous rappelons que jusqu'au 29 avril 2005, la station de métro Pigalle restera fermée au public tous les soirs à partir de 21 h 30. Nous vous prions de bien vouloir nous excuser du dérangement causé par ces travaux de rénovation et vous invitons à emprunter les stations Blanche et Anvers. Dans la journée, la correspondance avec la ligne 2 est de nouveau assurée.

2. Pour faire une réclamation, p. 24

– J'ai acheté ce CD vendredi et je voudrais l'échanger…
– Vous avez gardé le ticket de caisse ?
– Oui, bien sûr. Je le cherche… Il était dans le sachet, je ne comprends pas…
– Pour un échange, il faut absolument le ticket.
– Le voilà, je l'ai trouvé…
– Ah ! mais vous avez ouvert la boîte ? Je ne peux pas vous le reprendre.
– Oui, mais il fallait bien que je l'écoute… pour savoir qu'il ne me plaisait pas…
– Je suis désolée, mais l'on ne reprend pas les CD ouverts… Il fallait l'écouter dans le magasin avant de l'acheter. Il y a des bornes faites pour ça.
– C'est trop bête ! J'ai perdu 17,95 €.

3. Gastronomie, p. 24

Pour la chandeleur, on mange des crêpes ! C'est délicieux et ça peut vous porter chance !
Pour faire de bonnes crêpes, il vous faut de la farine, des œufs, du lait, du sucre, une pincée de sel et du beurre.
Dans un récipient, mélangez 300 g de farine, 2 cuillerées à soupe de sucre et une pincée de sel. Ajoutez un à un 4 œufs. Versez peu à peu 3/4 de litre de lait froid. Mélangez pour obtenir une pâte lisse. Ajoutez 50 g de beurre fondu. Laissez reposer 2 h environ. Chauffez une poêle avec un peu de beurre. Versez un peu de pâte, étalez. Faites cuire 2 minutes et retournez-la. Faites cuire 2 minutes encore. Faites tourner les crêpes avec une pièce d'or dans la main, vous aurez de l'argent toute l'année ! En attendant, sucrez et dégustez !

SUJET D'EXAMEN, p. 77

Vous allez entendre 3 enregistrements, correspondant à 3 exercices différents.
Pour chaque document, vous aurez:
– 30 secondes pour lire les questions;
– une première écoute, puis 30 secondes de pause pour commencer à répondre aux questions;

– une deuxième écoute, puis 30 secondes de pause pour compléter vos réponses.
Répondez aux questions en cochant la bonne réponse, ou en écrivant l'information demandée.

Exercice 1
Lisez les questions.

Première partie de l'enregistrement
Vous êtes bien sûr le serveur vocal du théâtre Molière à Paris. Si vous souhaitez connaître notre programmation pour les deux prochains mois, tapez 1. Si vous voulez faire une réservation, tapez 2. Pour prendre contact avec l'administration du théâtre, tapez 3. Pour réécouter cet enregistrement, tapez 4. Pour laisser un message, tapez 5.

Deuxième partie de l'enregistrement
Le Malade Imaginaire se joue tous les soirs à 20 h sauf le lundi. Il y a une séance supplémentaire les samedis et dimanches à 14 heures. Les tarifs sont de 20, 30 et 55 €. Si vous souhaitez réserver, ne quittez pas, un opérateur va vous répondre.

Exercice 2
Lisez les questions.

France Info, il est 10 h. Le ministère des Transports vient de le confirmer, le prix de l'essence va augmenter à partir du 1er février. Conséquence de la hausse des prix du pétrole, l'essence passera d'1,20 € à 1,30 € pour le super et à 90 centimes pour le diesel.

Exercice 3
Lisez les questions.

– Écoutez, c'est très simple. Vous m'avez vendu une machine à laver qui ne correspond pas à ce que je vous ai demandé.
– Que voulez-vous dire, M. Leblanc ?
– C'est très simple. Je vous ai demandé une machine à laver de 5 kg et vous m'en avez envoyé une de 10 kg. Elle est trop grande.
– Mais le mois dernier vous avez commandé deux machines de 10 kg.
– Oui, c'est vrai, mais il y a un mois, j'avais des clients intéressés. Vous savez, moi j'habite un petit village et je dois faire attention. Je dois les vendre ces machines, moi.
– Bon, d'accord M.; je vais corriger votre commande. Alors, vous voulez une machine de 5 kg. Je vous la livre la semaine prochaine.
– Parfait. Et la machine de 10 kg ?
– On la reprendra en livrant la petite.
– Bien. Merci, Mme. Au revoir.
– Au revoir, M.

L'épreuve est terminée. Veuillez poser vos stylos.

CORRIGÉS

Compréhension de l'oral, p. 9

COMPRENDRE DES ANNONCES, DES INSTRUCTIONS, p. 12-15

1 Pour écouter ses messages
1. 06 73 51 37 51   2. 10 h 40   3. touche 2.

2 Pour aller au théâtre
1. entre 11 h et 18 h 30.   2. il n'y a plus de place disponible.   3. affiche C.

3 Pour aller au cinéma
VRAI : Connaître la liste des nouveaux films. – Réserver une/des places par téléphone. – Connaître la liste des prochains films.
FAUX : Louer un film. – Écouter la bande-annonce des films à l'affiche.
? : Payer vos places par carte bancaire.

4 Pour prendre un rendez-vous
1. d'un cabinet médical.   2. toute la journée du lundi au vendredi et le samedi matin.   3. 02 28 18 63 29.

5 Dans un salon
1. dans un salon nautique.   2. la fermeture du salon à 19 h.   3. De regagner la sortie.
4. entre le 10 et le 13 février.

6 En faisant les courses
1. du fromage.   2. brie : 6,50 € / reblochon : 7 € / roquefort : 12,30 € / gruyère : 9,80 € / chèvre : 5,20 €.

7 Dans une gare
1. – Noir.   2. – Dans le hall ou devant le kiosque à journaux.
3. – Parce qu'il va être détruit.   4. – Aller au bureau des objets trouvés.

8 Dans un aéroport
Annonce 1 : vol 488.   *Annonce 2 :* porte C ; 12 h 10.   *Annonce 3 :* Londres ; On ne sait pas.
Annonce 4 : vol 446.   *Annonce 5 :* Casablanca ; 13 h 10.

9 Dans un supermarché
1. *Annonce 1 :* aux caisses.   *Annonce 2 :* au rayon pâtisserie.   *Annonce 3 :* à l'accueil.
Annonce 4 : au rayon boucherie   *Annonce 5 :* au centre du magasin.
2. *Annonce 1 :* la fermeture du magasin.   *Annonce 2 :* une promotion sur les gâteaux.
Annonce 3 : la distribution d'une carte de réduction.   *Annonce 4 :* une invitation à aller au rayon.
Annonce 5 : l'anniversaire du magasin.

COMPRENDRE UNE CONVERSATION, p. 15-20

1 Aller au restaurant
1. au début du repas.   2. de la salade et du poisson.   3. faux.   4. vrai.

2 Entre amis
1. depuis quelques jours.   2. une chambre, un salon et un atelier.
3. avec Sophie.   4. Ludovic veut visiter l'appartement.

3 Pour suivre un itinéraire
1. au téléphone.   2. seulement le week-end.   3. Avignon, Cavaillon, Apt et Gordes.   4. vrai.

4 Pour se déplacer en ville
Personne 1 : Paris – métro – X   *Personne 2 :* X – vélo – 15 minutes.
Personne 3 : banlieue – train et métro – 1 heure.   *Personne 4 :* X – voiture – 45 minutes.

5 Pour faire ses courses
1. *Dessins 4, 6 et 10* (pommes, tomates et bananes).   2. conseille la cliente.
3. Elle est en promotion.   4. 8,50 €.

6 Pour trouver du travail
1. Annonce C.   2. 26 ans – canadien – master de biologie – stage en laboratoire – anglais et espagnol.
3. Il connaît le vocabulaire spécialisé. – Il a déjà travaillé dans un laboratoire. – Il parle plusieurs langues. – Il est disponible immédiatement.

7 Pour prendre un rendez-vous
1. Le matin.   2. Prendre un rendez-vous.   3. Il travaille à l'extérieur.

8 Pour préparer un voyage
1. confirmer un voyage.   2. Par chèque. 3. Envoyer son règlement par courrier.

❾ Pour sortir le soir
1. ++ : cinéma.   + : théâtre.   − : opéra.   − − : jazz.   **2.** Cinéma Saint-Michel.
3. Ils vont d'abord **aller au cinéma** et ensuite **dîner en amoureux au bord de la Seine**.

COMPRENDRE DES ENREGISTREMENTS RADIOPHONIQUES, p. 20-23

❶ Météo
1. La pluie.   **2.** vrai.

❷ Transport
1. un flash d'information.   **2.** des retards et des annulations de vols.   **3.** téléphoner.

❸ Société
1. 62 millions d'habitants.   **2.** plus élevé que le nombre des décès.   **3.** vivent plus vieilles que les hommes.

❹ Économie
1. à la Banque de France.   **2.** il y aura beaucoup de monde.

❺ Bulletins d'informations
Sport : 4 – football.   Économie : 5 – entreprises.   Santé : 1 – bon.
Culture : 3 – musée.   Tourisme : 6 – destinations.   Éducation : 2 – éducation/étudiants.

❻ Sondage
Vacances d'Alice : balades à vélo, à la campagne, Alice et sa famille.
Vacances de Didier : voyager en moto, découvrir des pays nouveaux, Didier avec ses copains.
Vacances d'Éva : ne rien faire, bronzer, la plage, Éva.
Vacances de Juliette : visiter des villes, des musées, connaître l'histoire, en France, Juliette et son mari.

❼ Reportage
1. 70 % des Parisiennes aiment vivre à Paris.   **2.** Le 8 mars, journée de la Femme.
3. Oui, *(au choix)* elles aiment faire leurs courses à l'heure du déjeuner, elles aiment lire dans le métro, elles aiment aller voir une exposition en sortant du travail.
4. VRAI : Les jardins de Paris ferment tôt. – Les cafés parisiens sont beaux. – Les transports en commun sont pratiques. – Paris est une ville polluée.
FAUX : Les magasins ferment tôt. – Les serveurs sont sympathiques.

❽ Cinéma
1. 3,50 €.   **2.** 3 jours.   **3.** voir des films à tarif réduit.   **4.** dimanche 13, lundi 14 et mardi 15 mars.

❾ Culture
1. D'une association.   **2.** Écrivain.   **3.** Affiche A.

EXEMPLE D'ÉPREUVE, p. 24-25

❶ Dans les transports
1. dans le métro.   **2.** seulement le soir à partir de 21 h 30.   **3.** travaux.

❷ Pour faire une réclamation
1. Échanger un CD.   **2.** la boîte est ouverte.   **3.** 17,95 .   **4.** il n'aime pas le CD.

❸ Gastronomie
1. 300 grammes de farine et 4 œufs.   **2.** deux minutes de chaque côté.   **3.** Une pièce d'or.

Compréhension des écrits, p. 27
LIRE DES INSTRUCTIONS, p. 30-32

❶ Dessins A, B, D, E, G, H.
VRAI : **1 – 4 – 5.**   FAUX : **2 – 3.**
Justifications :
1. 150 g de beurre ; 150 g de sucre.
2. Mélangez dans un bol les jaunes d'œufs, le sucre et la farine jusqu'à obtenir une pâte bien lisse.
3. Incorporez les blancs délicatement. Versez le tout dans un moule beurré.
4. Préchauffez votre four pendant 10 minutes.
5. Plantez un couteau au centre du gâteau pour voir si c'est cuit.

❷ 1. aux adultes en général.   **2.** offrir des conseils.   **3.** d'utiliser la voiture le moins possible.
4. partager sa voiture.   **5.** la diminution de la pollution.

❸ 1. mélanger.   VRAI : **1 – 2 – 4.**   FAUX : **3 – 5.**
Justifications :
1. Mettez le pied mixer dans le bloc moteur et vissez-le à fond.

2. Ne mettez pas le pied mixer dans un liquide brûlant.

3. Ne mettez pas le bloc moteur dans l'eau.

4. Ne laissez pas le mixer à la portée des enfants.

5. Cet appareil fonctionne sur 220 volts uniquement.

LIRE POUR S'ORIENTER, p. 33-35

1 **1.** B – **2.** E – **3.** G – **4.** A – **5.** H – **6.** F – **7.** D

2 **1.** Oui. Service accessible 24 h sur 24. **2.** 3212. **3.** 12. **4.** 3 €.

3 **1.** aller à la mairie. **2.** Jeudi. **3.** 6 ans. **4.** Sur les affiches devant les écoles./ Sur http://www.publiclocal.com

LIRE POUR S'INFORMER, p. 35-37

1 **1.** 12. **2.** La famille aujourd'hui. **3.** sociologue – pédopsychiatre.
4. À l'université de la Sorbonne. **5.** Du 5 au 16 janvier.

2 **1.** d'un fait de société. **2.** la double culture et l'intégration des immigrés.
3. vit en France depuis plus de vingt ans. **4.** faciliter l'intégration des immigrés.
5. ouvert deux fois par semaine. **6.** Accompagner quelqu'un chez le médecin.
Écrire des lettres. – Traduire. **7.** Donner des cours de français. –
Faire connaître la cuisine africaine. – Faire connaître la culture africaine.

3 **1.** travailler en Suisse. VRAI : **1 – 3 – 5.** FAUX : **2 – 4 – 6.**
Justifications:
1. Il faut compter quatre à six semaines avant de recevoir un permis de travail.
2. Aucun étranger n'est autorisé à exercer une quelconque activité rémunérée en Suisse sans un permis de travail valable.
3. Le coût de ce permis oscille entre SFr. 70.- et 200.- environ (US$ 40 à 120).
4. On peut demander un permis « C » après cinq renouvellements d'un permis « B » annuel.
5. Ils sont délivrés pour des séjours temporaires entre quatre et dix-huit mois.

LIRE LA CORRESPONDANCE, p. 38-40

1 **1.** La Lyonnaise des Eaux. **2.** 74,13 €. **3.** 48 h. **4.** 0810 393 393.
5. Oui. *Le mot* Rappel *en haut de la lettre.* – À ce jour, votre règlement ne nous est pas encore parvenu.

2 VRAI : **1 – 3 – 5 – 6.** FAUX : **2 – 4.**
Justifications:
1. Nous avons bien reçu votre lettre du 30 avril nous demandant de vous indiquer…
2. … une maison pour 4 personnes, si possible au bord de la mer…
3. … différentes possibilités de location en Bretagne…
4. Carnac : 1 200 € ; Saint-Malo : 1 600 €.
5. Une maison à Carnac (100 m^2) à 5 min à pied de la plage…
6. Carnac, 100 m^2 ; Saint-Malo 120 m^2.

3 **1.** lettre d'excuses. **2.** pour des raisons personnelles. **3.** en avion. **4.** en Australie.
5. Vrai. Nous ne les avons pas vus depuis sept ans et nous ne savons pas quand nous les reverrons si nous manquons cette occasion.

EXEMPLE D'ÉPREUVE, p. 41-43

1 **1.** D – **2.** B – **3.** A – **4.** E – **5.** C – **6.** F

2 Politique : **4** Culture : **3** Société : **2** Sciences : **1** Sports : **6** Économie : **5**

3 **1.** aux habitants d'un arrondissement de Montréal.
VRAI : **2 – 3.** FAUX : **1 – 4.**
Justifications:
1. … près de deux cents employés affectés au déneigement seront à pied d'œuvre pour procéder à l'enlèvement de la neige…
2. Surveillez bien la signalisation orange utilisée au cours de cette opération de déneigement.
3. Ces panneaux … vous indiqueront à quel moment déplacer votre véhicule.
4. … ne pas pousser la neige accumulée sur votre propriété dans la rue ou sur les trottoirs.

4 **1.** professionnel. **2.** demander un rendez-vous. **3.** va commencer un nouveau travail.
4. avoir des informations sur un examen. **5.** la matinée du 12 juin.

Production écrite, p. 45

La production écrite ne peut faire l'objet d'un corrigé au sens strict du terme. Les textes qui suivent ne peuvent donc être considérés comme des modèles.

Journal de voyage (p. 47): de nombreuses rédactions sont possibles, en voici quelques exemples:

Avant de commencer, à rédiger, une question simple s'impose: de quoi vais-je parler?

2e version: *(Je vais parler des gens que j'ai rencontrés.)*
Depuis mon arrivée, j'ai parlé avec la réceptionniste de l'hôtel, la marchande de fromage et le marchand de journaux. La réceptionniste parle trois langues: anglais, espagnol et arabe. On a parlé espagnol! Au marché, j'ai parlé français. J'ai appris de nouvelles expressions: *À qui le tour?* et *C'est tout ce qu'il vous faut?* La marchande de fromage voulait que je goûte à tout! *Merci.* J'ai déjà fait des progrès en français! *(71 mots)*

3e version *(Je vais parler de ma valise, de l'hôtel, du marché, des gens, faire un peu d'humour.)*
Je suis en France! Cette fois, ma valise est arrivée avec moi. L'hôtel est agréable et très bien placé. Aujourd'hui, il y a même un marché juste à côté. J'ai beaucoup aimé la marchande de fromages: elle m'a fait goûter à tout. Le maroilles sentait très mauvais et j'ai eu du mal à le manger. Ah j'oubliais, j'ai vu un homme avec un béret et une baguette: je me sens vraiment en France! *(74 mots)*

4e version: *(Ma conversation avec le chauffeur de taxi (il me parle un peu de lui.)*
Le chauffeur de taxi était très sympathique. Il m'a parlé de lui. Je me rappelle encore ce qu'il m'a dit: « Moi, ça fait 15 ans que je fais ce métier. Avant, j'étais boulanger et je me levais tous les matins à 3 h. Un jour, j'ai tout arrêté. Mon frère est chauffeur de taxi, alors, j'ai fait comme lui. Je ne travaille pas la nuit et j'ai enfin une vie de famille. J'aime ce métier. Il y a quelques casse-pieds mais généralement, les gens sont gentils. » *(86 mots)*

PAGE 48
Il est possible de proposer un autre travail d'adaptation en donnant cette fois-ci la consigne suivante:
Qu'écririez-vous si vous répondiez à une carte d'anniversaire et que vos parents (ou vos amis) avaient décidé de vous emmener quelque part (en gardant le mystère sur la destination)?
Adaptez la réponse à cette nouvelle situation.

Pour prendre des nouvelles, p. 49
Exemples de formulations simples:
Études: Bonjour,
Comment vas-tu? Je sais que cette année était importante pour toi et que tu as obtenu de bons résultats. Dans quelle classe seras-tu l'année prochaine? Est-ce que tu auras la possibilité d'étudier une langue supplémentaire, ou est-ce que tu garderas le français, l'allemand et l'anglais? Si tu as un peu de temps, viens dîner à la maison.
Examens, concours: Salut,
J'ai pensé à toi hier car je sais que tu passais ton DELF A2. J'espère que ce n'était pas trop dur et que tu étais en forme. J'aimerais savoir quel sujet tu as eu à l'épreuve orale: ça m'intéresse de me demander si je suis capable de passer les épreuves.
Occupations: Chère Carlotta,
Que fais-tu actuellement? Est-ce que tu es toujours très occupée le week-end? Je ne sais pas comment tu peux faire autant de choses le week-end. Je dis peut-être ça parce que je sais que je ne pourrais pas faire comme toi!
Famille: J'ai vu la photo de tes parents sur le site, la semaine dernière. Ils n'ont pas changé. Comment vont-ils? Est-ce qu'ils vivent toujours dans leur maison? Je me souviens qu'ils voulaient habiter à Bordeaux et s'occuper des enfants de ton frère.
Projet de vacances: Que fais-tu pendant les vacances?
Activités: Est-ce que tu aimes ton nouveau professeur de tennis?

Décrire un lieu, p. 50
Exemple: Le POPB
Si les mots vous manquent, faites des associations d'idées:
POPB = pyramide = Égypte = bâtiment bizarre avec de l'herbe.

Décrire vos menus, p. 50
Décrire un menu typiquement français *(selon vous):*
Le soir, les Français mangent beaucoup. Chez mes amis, on commence toujours par de la soupe. Après, ça dépend: j'ai mangé de la quiche lorraine, un gratin dauphinois, du rôti. Et puis, c'est le moment qui me

fait peur : le fromage. J'essaie de goûter à tout mais c'est dur. En dessert, j'ai mangé une délicieuse tarte aux pommes, de la crème caramel, de la glace mais je crois que ce que je préfère, c'est la mousse au chocolat. *(81 mots)*

Comparer des plats et des saveurs, p. 51
C'est le moment de réviser les notions d'égalité, de supériorité, d'infériorité et d'utiliser : plus, moins, comme, aussi… que, la même chose que, plus que, moins que, etc.

Comparer les personnes, p. 52
Un frère et une sœur : Mon frère et ma sœur ont 3 ans de différence. Gilles est plus âgé que Françoise : il a 48 ans et elle, 45. Il a fait des études pour devenir instituteur et il aime beaucoup son métier. Il s'occupe d'enfants qui ont environ 7 ans. Françoise, elle, a fait des études scientifiques et elle travaille dans une pharmacie. Ils ne se voient pas souvent car Françoise vit dans le Sud depuis plus de vingt ans et il n'est pas toujours facile d'organiser des fêtes de famille.

Votre père et votre mère : Mon père et ma mère adorent les musées, les expositions, les galeries d'art et achètent systématiquement des livres. À la maison, il y a un problème : mon père aime l'ordre et veut ranger les livres dans la bibliothèque. Ma mère, elle, veut toujours les avoir à côté d'elle, sur une table. Après 30 ans de mariage, Ils ne sont toujours pas d'accord.

Vos deux meilleur(e)s ami(e)s : Isabelle et Catherine sont mes deux meilleures amies. Nous sommes amies depuis le lycée. Nous étions dans la même classe et nous étions tout le temps ensemble. Aujourd'hui, Catherine travaille à l'aéroport de Roissy. C'est là qu'elle a rencontré son mari, Georges. Ils ont deux enfants. Isabelle, après ses études d'espagnol, est allée vivre à Malaga, en Espagne. Elle travaille dans le tourisme. Elle s'est mariée à Juan, un garçon fou de cinéma mais ils sont divorcés maintenant.

Deux professeurs que vous avez eus : Je me rappelle de deux professeurs en particulier : une professeur de mathématiques et un professeur d'histoire-géographie. Je n'aimais pas Mme Legrand, ma prof de maths, car elle me faisait peur : elle criait toujours. En plus, elle donnait toujours des notes au-dessous de la moyenne. M. Foucault était passionnant. On l'appelait le capitaine Haddock parce qu'il avait une pipe et une barbe. Il donnait toujours des détails amusants et on apprenait énormément avec lui.

Raconter un événement ou une expérience, p. 52
Il y a longtemps *(expérience)* : À 18 ans, après mon baccalauréat, je suis allée à Londres pour améliorer mon anglais. Au début, j'étais jeune fille au pair dans une famille qui avait deux garçons et je suivais des cours le soir dans un collège. En fait, on me demandait de faire le ménage. J'ai quitté cette famille et j'ai vendu des gâteaux dans une pâtisserie « française » située dans un centre commercial. Six mois plus tard, j'avais grossi de 8 kg mais j'avais plusieurs diplômes d'anglais dans la poche.

Il y a quelques mois *(expérience)* : Depuis septembre, j'ai décidé de prendre des cours de chant dans une chorale. J'ai eu envie de faire ça après avoir vu *Les Choristes*. J'ai rejoint un chœur qui s'appelle Résonances. Certains choristes chantent depuis plus de vingt ans et ont une voix magnifique. Au début, j'avais vraiment peur mais le chef de chœur est très gentil et il m'a beaucoup aidé. Tous les mardi et les jeudi, à 20 h, nous nous retrouvons et chantons des œuvres anciennes ou modernes.

Le mois dernier *(événement)* : J'ai vu l'arrivée du Tour de France sur les Champs-Élysées ! C'est un peu bizarre parce que le vélo ne m'intéresse pas et, à part Lance Armstrong, je ne connais que des coureurs à la retraite. En fait, je n'ai pas eu le choix car des amis américains étaient de passage à Paris et ils voulaient absolument aller applaudir leur compatriote. En fait, j'ai adoré cet après-midi. L'ambiance était incroyable, le temps était magnifique, et mes amis étaient tellement heureux !

La semaine dernière : Enfin les vacances ! Au bureau, on travaillait comme des fous depuis des mois et pourtant, on était toujours en retard sur tous les projets. L'ambiance était électrique et certains pensaient démissionner. Mais, et je sais que c'est difficile à comprendre pour un étranger, le mois d'août est sacré : on arrête de travailler et on va en vacances. Résultat : après une semaine de vacances, j'ai oublié mon stress et ma fatigue et mon moral est excellent.

Hier : J'ai perdu mes clés et mon sac hier, dans le métro. En fait, elles sont restées sur le siège, à côté de l'endroit où j'étais assis. C'est difficile à croire mais j'étais tellement fatigué que je m'étais endormi. Quand le métro s'est arrêté à la station Porte d'Italie, je me suis réveillé et je suis sorti immédiatement parce que j'étais allé trop loin. Le signal sonore a retenti, les portes se sont fermées.

Ou : J'ai perdu mon sac à dos hier, au cinéma. Je l'avais posé sur le siège vide à côté de moi. J'ai mis ma veste par-dessus et le film a commencé. À la fin, sans regarder, j'ai pris ma veste mais j'ai oublié le sac. Je suis sorti du cinéma et, après plusieurs minutes, je me suis rendu compte qu'il me manquait quelque chose. Quel horrible sentiment ! Je suis retourné au cinéma mais je ne l'ai pas retrouvé.

Énumérer et décrire, p. 52
Décrivez votre chambre : Il y a beaucoup de place parce qu'elle est grande et il y a juste un lit, une armoire et un bureau. J'ai mis les posters de mes chanteurs préférés au mur. J'en ai au moins 50.